Ueberreuter Großdruck

Jack Canfield
Mark Victor Hansen

Hühnersuppe für die Seele

Geschichten, die das Herz erwärmen

Aus dem Englischen
von Christiane Radünz

UEBERREUTER

ISBN 978-3-8000-9231-4

Titel der Originalausgabe: »Chicken Soup for the Soul«
Originalverlag: Health Communications

Aus dem Englischen von Christiane Radünz

Umschlaggestaltung von Agentur C21 unter Verwendung eines Fotos von Lily Valde/Pixland Images/Jupiterimages
Druck: Druckerei Theiss, A-9431 St. Stefan i. L.
Gedruckt auf Salzer EOS 1,3 x Vol., naturweiß, 80g
1 3 5 7 6 4 2

www.ueberreuter-grossdruck.com
www.ueberreuter.at

Wenn Licht in der Seele ist,
ist Schönheit im Menschen.
Wenn Schönheit im Menschen ist,
ist Harmonie im Haus.
Wenn Harmonie im Haus ist,
ist Ordnung in der Nation.
Wenn Ordnung in der Nation ist,
ist Frieden in der Welt.

Chinesisches Sprichwort

Mit Liebe widmen wir dieses Buch unseren Frauen, Georgia und Patty, und unseren Kindern, Christopher, Oran, Kyle, Elizabeth und Melanie, die eine Quelle der Kraft für unsere Seelen sind. Ihr öffnet stets eure Herzen und entflammt erneut unseren Geist. Wir lieben euch sehr!

Inhalt

Einführung

Wir wissen alles, was wir wissen müssen, um das unnötige emotionale Leid zu beenden, das viele Menschen gegenwärtig erfahren. Hohe Selbstachtung und persönliche Wirksamkeit sind für jeden erreichbar, der sich die Zeit nimmt, danach zu streben.

Es ist schwierig, den Geist einer lebendigen Darbietung in das geschriebene Wort zu übertragen. Geschichten, die wir Tag für Tag erzählen, mußten fünfmal umgeschrieben werden, um auf dem Papier genauso zu wirken, wie in der lebendigen Erzählung. Wenn Sie diese Geschichten lesen, vergessen Sie bitte alles, was Sie jemals über Schnell-Lesemethoden gelernt haben. Lassen Sie sich Zeit!

Hören Sie die Worte sowohl mit dem Herzen als auch mit dem Verstand. Kosten Sie jede Geschichte aus. Lassen Sie sich von ihr berühren. Fragen Sie sich: Was erweckt sie in mir? Was legt sie mir für mein Leben nahe? Welches Gefühl oder welche Reaktion ruft sie in meinem Innern hervor? Lassen Sie sich auf eine persönliche Beziehung mit jeder Geschichte ein.

Einige Geschichten werden eindringlicher zu Ihnen sprechen als andere. Einige haben eine tiefere Bedeutung. Über einige werden Sie weinen müssen. Über einige werden Sie lachen müssen. Einige werden Ihnen ein warmes Gefühl vermitteln. Einige mögen Ihnen ins Auge springen. Es gibt keine einzige richtige Reaktion. Es gibt nur *Ihre* Reaktion. Lassen Sie es geschehen, lassen Sie es zu.

Beeilen Sie sich nicht mit dem Buch. Nehmen Sie sich Zeit. Genießen Sie es. Kosten Sie es aus. Lassen Sie sich mit Ihrem ganzen Wesen darauf ein. Es repräsentiert Tausende von Stunden der Auswahl aus dem »Besten vom Besten« und Erfahrungen aus vierzig Jahren.

Und zum Schluß: Ein Buch wie dieses zu lesen, ist ein bißchen, wie sich zu einem Essen zu setzen, das nur aus Desserts besteht. Es mag ein bißchen zu schwer sein. Es ist ein Essen ohne Gemüse, Salat oder Brot. Es hat viel Substanz und sehr wenig Beiwerk.

In unseren Seminaren und Workshops nehmen wir uns mehr Zeit, die Tragweite jeder Geschichte zu ergründen und zu diskutieren. Dies bietet mehr Erklärungen und Untersuchungen darüber, wie die Lektionen und Prinzipien auf Ihr tägliches Leben anzuwenden sind. Lesen Sie diese Geschichten nicht einfach. Nehmen Sie sich Zeit, sie zu verdauen und sie sich zu eigen zu machen.

Wenn Sie sich veranlaßt fühlen, eine Geschichte mit anderen zu teilen, tun Sie es. Wenn eine Geschichte Sie an jemanden erinnert, rufen Sie den Menschen, an den sie Sie erinnert, an und erzählen Sie ihm die Geschichte. Nehmen Sie diese Geschichten in Anspruch, und lassen Sie sich durch sie zu allem bewegen, was Ihnen einfällt. Sie sind dazu gedacht, Sie zu inspirieren und zu motivieren.

Bei vielen dieser Geschichten sind wir der Originalquelle nachgegangen und haben die Autoren gebeten, sie in ihren eigenen Worten aufzuschreiben oder zu erzählen. Viele dieser Geschichten sprechen mit ihrer Stimme, nicht mit unserer. Wir haben bei jeder Geschichte, wenn möglich, die Originalquelle angegeben.

Wir hoffen, Sie werden beim Lesen dieses Buches soviel Freude haben, wie wir sie beim Schreiben hatten.

1

ÜBER DIE LIEBE

Der Tag wird kommen, nachdem wir den Raum, die Winde, die Gezeiten und die Gravitation nutzbar gemacht haben, an dem wir für Gott die Energien der Liebe nutzbar machen werden. Und an diesem Tag, zum zweiten Mal in der Geschichte der Welt, werden wir das Feuer entdeckt haben.

Teilhard de Chardin

Liebe: die einzig schöpferische Kraft

Verbreite Liebe, wo immer du hingehst: zuerst in deinem eigenen Haus. Gib deinen Kindern Liebe, deiner Frau oder deinem Mann, deinem Nachbarn von gegenüber … Laß nie jemanden zu dir kommen, ohne ihn besser und glücklicher wieder gehen zu lassen. Sei der lebendige Ausdruck von Gottes Güte; Güte in deinem Gesicht, Güte in deinen Augen, Güte in deinem Lächeln, Güte in deinem warmen Gruß.

Mutter Teresa

Ein College-Professor ließ seine Soziologiestudenten in die Slums von Baltimore gehen, um Fallgeschichten über zweihundert Jugendliche zu sammeln. Sie wurden gebeten, eine Bewertung über die Zukunft eines jeden Jungen zu schreiben. In jedem Fall schrieben die Studenten: »Er hat keine Chance.« Fünfundzwanzig Jahre später stieß ein anderer Soziologieprofessor auf die frühere Studie. Er ließ seine Studenten das Projekt nachvollziehen, um zu sehen, was mit diesen Jungen passiert war. Mit Ausnahme von zwanzig Jungen, die weggezogen oder gestorben waren, erfuhren die Studenten, daß 176 der verbliebenen 180 einen mehr als ungewöhnlichen Erfolg als Anwälte, Doktoren und Geschäftsleute erlangt hatten.

Der Professor war überrascht und beschloß, die Angelegenheit weiter zu verfolgen. Glücklicherweise lebten alle Männer in der Nähe, und er konnte jeden einzelnen fragen: »Wie erklären Sie sich Ihren Erfolg?« Jeder von ihnen antwortete: »Es gab eine Lehrerin.«

Die Lehrerin war noch am Leben, also machte er sie ausfindig und fragte die alte, aber noch immer aufgeweckte Dame, welche magische Formel sie benutzt habe, um diese Jungen aus den Slums herauszureißen, hinein in erfolgreiche Leistungen. Die Augen der Lehrerin funkelten, und auf ihren Lippen erschien ein leises Lächeln. »Es ist wirklich ganz einfach«, sagte sie. »Ich liebte diese Jungen.«

Eric Butterworth

Alles, woran ich mich erinnere

Wenn mein Vater mit mir sprach, begann er das Gespräch stets: »Habe ich dir heute schon gesagt, wie sehr ich dich liebe?« Die Äußerung der Liebe wurde erwidert, und in seinen späteren Jahren, als sein Leben sichtbar zu verebben begann, kamen wir einander noch näher … wenn das möglich war.

Mit 82 war er bereit zu sterben, und ich war bereit, ihn gehen zu lassen, so daß sein Leiden ein Ende hätte. Wir lachten und weinten und hielten unsere Hände und teilten einander unsere Liebe mit und stimmten überein, daß es Zeit wurde. Ich sagte: »Dad, wenn du gegangen bist, möchte ich ein Zeichen von dir, daß es dir gutgeht.« Er lachte über diese Absurdität, Dad glaubte nicht an Reinkarnation. Ich war mir auch nicht sicher, ob ich daran glaubte, aber ich hatte viele Erfahrungen gemacht, die mich überzeugten, ich könnte irgendein Signal »von der anderen Seite« bekommen.

Mein Vater und ich waren so tief verbunden, daß ich seinen Herzanfall in dem Moment in meiner Brust spürte, als er starb. Später beklagte ich, daß ich in der sterilen Atmosphäre des Krankenhauses nicht seine Hand hatte halten dürfen, als er dahingeschwunden war.

Tag für Tag betete ich darum, von ihm zu hören, aber nichts geschah. Nacht für Nacht bat ich um einen Traum, bevor ich einschlief. Und doch vergingen vier lange Monate, und ich hörte und fühlte nichts als Schmerz über den Verlust. Mutter war fünf Jahre zuvor an der Alzheimer Krankheit gestorben, und obwohl ich selbst Töchter erzogen hatte, fühlte ich mich wie ein verlorenes Kind.

Eines Tages, als ich auf einer Massageliege in einem dunklen, ruhigen Raum lag und auf meinen Termin wartete, überspülte mich eine Welle der Sehnsucht nach meinem Vater. Ich begann mich zu fragen, ob ich zu anspruchsvoll gewesen war, indem ich um ein Zeichen von ihm gebeten hatte. Ich bemerkte, daß mein Geist in einem überempfindlichen Zustand war. Ich erfuhr eine ungewohnte Klarheit, in der ich lange Zahlenreihen in meinem Kopf hätte zusammenzählen können. Ich prüfte mich, um sicherzugehen, daß ich wach war, und ich sah, daß ich so weit von einem träumerischen Zustand entfernt war, wie man nur sein konnte. Jeder Gedanke, den ich hatte, war wie ein Wassertropfen, der einen stillen Teich aufstört, und ich staunte über den Frieden eines jeden vorübergehenden Augenblicks. Dann dachte ich: »Ich habe versucht, die Botschaften von der anderen Seite zu kontrollieren; ich werde jetzt damit aufhören.«

Plötzlich erschien das Gesicht meiner Mutter – meiner Mutter, wie sie war, bevor die Krankheit ihr den Verstand, ihre Menschlichkeit und fünfzig Pfund genommen hatte. Ihr prachtvolles Silberhaar krönte ihr schönes Gesicht. Sie war so wirklich und so nah, daß ich dachte, ich könnte die Hand ausstrecken und sie berühren. Sie sah aus wie vor einem Dutzend Jahren, bevor der Verfall begann. Ich roch sogar den Duft von Joy, ihrem

Lieblingsparfüm. Sie schien zu warten und sprach nicht. Ich fragte mich, wie es passieren konnte, daß ich an meinen Vater dachte und meine Mutter erschien, und ich fühlte mich ein wenig schuldig, daß ich nicht auch nach ihr gefragt hatte.

Ich sagte: »Oh, Mutter, es tut mir so leid, daß du an dieser schrecklichen Krankheit leiden mußtest.«

Sie legte den Kopf leicht zur Seite, wie um zu bestätigen, was ich über ihr Leiden gesagt hatte. Dann lächelte sie – ein schönes Lächeln – und sagte sehr klar: »Aber alles, woran ich mich erinnere, ist Liebe.« Und sie verschwand.

Ich begann zu frösteln in einem Raum, in dem es plötzlich kalt geworden war, und ich wußte in meinem Innersten, daß die Liebe, die wir geben und empfangen, alles ist, worauf es ankommt, und alles, was in Erinnerung bleibt. Das Leid verschwindet; die Liebe bleibt.

Ihre Worte waren die wichtigsten, die ich je gehört habe, und dieser Moment ist für immer in meinem Herzen eingeprägt.

Ich habe noch nichts von meinem Vater gesehen oder gehört, aber ich habe keinen Zweifel, daß er eines Tages, wenn ich es am wenigsten erwarte, erscheinen und sagen wird: »Habe ich dir heute schon gesagt, daß ich dich liebe?«

Bobbie Probstein

Herzenslied

Es war einmal ein großer Mann, der heiratete die Frau seiner Träume. Mit ihrer Liebe zeugten sie ein kleines Mädchen. Es war ein aufgewecktes und fröhliches kleines Mädchen, und der große Mann liebte es sehr.

Als es sehr klein war, hob er es hoch, summte eine Melodie und tanzte mit ihm im Zimmer umher, und er sagte zu ihm: »Ich liebe dich, kleines Mädchen.«

Als das kleine Mädchen heranwuchs, umarmte es der große Mann und sagte zu ihm: »Ich liebe dich, kleines Mädchen.« Das kleine Mädchen schmollte und sagte: »Ich bin kein kleines Mädchen mehr.« Dann lachte der Mann und sagte: »Aber für mich wirst du immer mein kleines Mädchen sein.«

Das kleine Mädchen, das nicht-mehr-klein war, verließ sein Zuhause und ging in die Welt. Als sie mehr über sich selbst lernte, lernte sie mehr über den Mann. Sie sah, daß er wahrhaftig groß und stark war, denn jetzt erkannte sie seine Stärken. Eine seiner Stärken war seine Fähigkeit, seine Liebe zu seiner Familie auszudrücken. Es war gleich, wohin sie ging in der Welt, der Mann rief sie und sagte: »Ich liebe dich, kleines Mädchen.«

Der Tag kam, als das kleine Mädchen, das nicht-mehr-klein war, einen Telefonanruf erhielt. Der große Mann war verletzt. Er hatte einen Schlaganfall gehabt. Er war aphasisch, erklärte man dem kleinen Mädchen. Er konnte nicht mehr sprechen, und man war nicht sicher, ob er die Worte verstehen konnte, die zu ihm gesprochen wurden. Er konnte nicht mehr lächeln, lachen, gehen, umarmen, tanzen oder dem kleinen Mädchen, das nicht-mehr-klein war, sagen, daß er es liebte.

Und so ging sie an die Seite des großen Mannes. Als sie in den Raum kam und ihn erblickte, sah er klein aus und überhaupt nicht stark. Er sah sie an und versuchte zu sprechen, aber er konnte nicht.

Das kleine Mädchen tat das einzige, was es tun konnte. Sie kletterte auf das Bett neben den großen Mann. Tränen flossen aus beider Augen, und sie legte die Arme um die nutzlosen Schultern ihres Vaters.

Ihren Kopf auf seiner Brust, dachte sie an viele Dinge. Sie erinnerte sich an die wunderbaren, gemeinsam verbrachten Zeiten und wie sie sich von dem großen Mann immer beschützt und behütet gefühlt hatte. Sie fühlte Schmerz über den Verlust, den sie ertragen sollte, die Worte der Liebe, die sie getröstet hatten. Und dann hörte sie im Innern des Mannes das Schlagen seines Herzens. Das

Herz, wo die Musik und die Worte immer gelebt hatten. Das Herz schlug weiter, regelmäßig und ungeachtet des Schadens am restlichen Körper. Und während sie dort ruhte, geschah der Zauber. Sie hörte, was sie zu hören nötig hatte.

Sein Herz schlug die Worte, die sein Mund nicht mehr sagen konnte…

Ich liebe dich
Ich liebe dich
Ich liebe dich
Kleines Mädchen
Kleines Mädchen
Kleines Mädchen
Und sie war getröstet.

Patty Hansen

Wahre Liebe

Moses Mendelssohn, der Großvater des wohlbekannten deutschen Komponisten, war alles andere als gutaussehend. Neben seinem eher kleinen Wuchs hatte er einen grotesken Buckel.

Eines Tages besuchte er einen Händler in Hamburg, der eine schöne Tochter namens Frumtje hatte. Moses verliebte sich hoffnungslos in sie.

Aber Frumtje war von seiner mißgebildeten Erscheinung abgestoßen.

Als es für ihn Zeit wurde zu gehen, sammelte Moses seinen Mut und stieg die Treppen zu ihrem Zimmer hinauf, um eine letzte Gelegenheit wahrzunehmen, mit ihr zu sprechen. Sie war ein Bild von himmlischer Schönheit, aber verursachte ihm tiefe Traurigkeit durch ihren Widerwillen, ihn anzusehen. Nach einigen Versuchen einer Unterhaltung fragte Moses scheu: »Glauben Sie, Ehen werden im Himmel geschlossen?«

«Ja«, antwortete sie, immer noch auf den Boden blickend. »Und was glauben Sie?«

»Ja, ich glaube es auch«, erwiderte er. »Sehen Sie, bei der Geburt jedes Jungen verkündet der Herr im Himmel, welches Mädchen er heiraten wird. Als ich geboren war, wurde mir meine zukünftige Braut gezeigt. Dann fügte der Herr hinzu: ›Aber deine Frau wird buckelig sein.‹

Auf der Stelle rief ich aus: ›Oh, Herr, eine bukkelige Frau wäre eine Tragödie. Bitte, Herr, gib mir den Buckel und laß sie schön sein.«

Dann blickte Frumtje in seine Augen und wurde von irgendeiner tiefen Erinnerung aufgewühlt. Sie streckte ihre Hand aus und gab sie Mendelssohn und wurde später seine ergebene Frau.

Barry und Joyce Vissell

Der umarmende Richter

Don't bug me! Hug me!
Autoaufkleber

Lee Shapiro ist Richter im Ruhestand. Er ist auch einer der am meisten wirklich liebenden Menschen, die wir kennen.

An einem Punkt in seiner Karriere erkannte Lee, daß Liebe die größte Macht ist, die es gibt. In der Folge wurde Lee ein Umarmer. Er fing an, jedem eine Umarmung anzubieten. Seine Kollegen tauften ihn »den umarmenden Richter« (im Gegensatz zum »hängenden Richter«, wie wir vermuten). Der Aufkleber an seinem Auto lautet: »Geh mir nicht auf die Nerven! Nimm mich in den Arm!«

Ungefähr vor sechs Jahren erfand Lee, was er seinen »Herz-Beutel« nannte. Auf der Außenseite steht: »Ein Herz für eine Umarmung.« Innen enthält er dreißig kleine rote, bestickte Herzen mit Klebefilm auf der Rückseite. Lee nimmt seinen Herz-Beutel, geht unter Menschen und bietet ihnen ein Herz im Tausch für eine Umarmung an.

Lee ist deswegen so bekannt geworden, weil er oft zu Konferenzen und Versammlungen eingeladen wird, wo er seine Botschaft der bedingungslosen Liebe vermittelt. Bei einer Konferenz in San

Francisco forderte ihn der lokale Nachrichtensender heraus: »Es ist leicht, hier in der Konferenz Leute in den Arm zu nehmen, die selbst gewählt haben, hier zu sein. Aber in der wirklichen Welt funktioniert das nie.«

Sie forderten Lee auf, auf den Straßen von San Francisco Umarmungen anzubieten. Gefolgt von einem Fernsehteam des lokalen Nachrichtensenders, ging Lee auf die Straße. Zuerst näherte er sich einer vorbeigehenden Frau. »Hallo, ich bin Lee Shapiro, der umarmende Richter. Ich gebe diese Herzen im Tausch für eine Umarmung.« – »Klar«, erwiderte sie. »Zu einfach«, wandte der lokale Kommentator ein. Lee sah sich um. Er sah eine Politesse, die es mit dem Besitzer eines BMW nicht leicht hatte, dem sie einen Strafzettel gab. Er marschierte auf sie zu, das Kamerateam im Schlepptau, und sagte: »Sie sehen aus, als ob Sie eine Umarmung gebrauchen könnten. Ich bin der umarmende Richter, und ich biete Ihnen eine an.« Sie akzeptierte sie.

Der Fernsehkommentator forderte ihn ein letztes Mal auf: »Sehen Sie, da kommt ein Bus. Busfahrer aus San Francisco sind die härtesten, griesgrämigsten, gemeinsten Leute in der ganzen Stadt. Lassen Sie uns sehen, ob Sie ihn dazu kriegen, Sie in den Arm zu nehmen.« Lee nahm die Herausforderung an.

Als der Bus an die Bordkante fuhr, sagte Lee: »Hallo, ich bin Lee Shapiro, der umarmende Richter. Dies muß einer der anstrengendsten Jobs in der ganzen Welt sein. Ich biete Leuten Umarmungen an, um die Bürde etwas zu erleichtern. Möchten Sie eine?« Der 1,90 Meter große, 104 Kilo schwere Busfahrer kam von seinem Sitz herunter, trat heraus und sagte: »Warum nicht?«

Lee nahm ihn in den Arm, gab ihm ein Herz und winkte zum Abschied, als der Bus abfuhr. Das Fernsehteam war sprachlos. Schließlich sagte der Kommentator: »Ich muß zugeben, ich bin sehr beeindruckt.«

Eines Tages erschien Lees Freundin Nancy Johnston vor seiner Tür. Nancy ist ein professioneller Clown, und sie trug ihr Clownkostüm mit Schminke und allem. »Lee, nimm dir ein paar von deinen Herz-Beuteln, und laß uns zum Behindertenheim gehen.«

Als sie in dem Heim ankamen, fingen sie an, Ballonhüte, Herzen und Umarmungen an die Patienten zu verteilen. Lee fühlte sich unbehaglich. Er hatte noch nie zuvor Leute umarmt, die unheilbar krank, schwer zurückgeblieben oder Tetraplegiker waren. Es war eine ziemliche Anstrengung. Aber nach einer Weile wurde es einfacher für Nancy und Lee, die inzwischen ein Gefolge von Ärzten, Schwestern und Pflegern hatten, die ihnen von Station zu Station folgten.

Nach etlichen Stunden erreichten sie die letzte Station. Dies waren 34 der schwersten Fälle, die Lee in seinem Leben gesehen hatte. Das Gefühl war so bitter, daß es ihm den Mut nahm.

Aber aus ihrer Verpflichtung heraus, ihre Liebe zu teilen und etwas zu verändern, fingen Nancy und Lee an, sich durch den Raum zu arbeiten, das medizinische Personal im Gefolge, von dem jeder inzwischen ein Herz an seinem Kragen und einen Ballonhut auf dem Kopf hatte.

Schließlich kam Lee zu dem letzten Patienten, Leonard. Leonard trug ein großes weißes Lätzchen, auf das er sabberte. Lee sah Leonard an, der auf sein Lätzchen tropfte, und sagte: »Laß uns gehen, Nancy, es gibt keine Möglichkeit, zu diesem Menschen durchzudringen.« Nancy erwiderte: »Komm schon, Lee, er ist auch ein Mitmensch, oder nicht?« Dann setzte sie einen lustigen Ballonhut auf seinen Kopf. Lee nahm eines seiner kleinen roten Herzen und setzte es auf Leonards Lätzchen. Er holte tief Atem, beugte sich hinunter und nahm Leonard in den Arm.

Plötzlich begann Leonard zu kreischen: »Iiiiihh! Iiiiiihh!« Einige Patienten im Raum begannen, mit Gegenständen zu klappern. Lee wandte sich um eine Art Erklärung an das Personal und sah, daß alle Ärzte, Schwestern und Pfleger weinten. Lee fragte die Oberschwester: »Was geht hier vor?«

Lee wird nie vergessen, was sie sagte: »Dies ist das erste Mal in 23 Jahren, daß wir Leonard haben lächeln sehen.«

Wie einfach ist es, im Leben anderer etwas zu verändern.

Jack Canfield und Mark V. Hansen

Das könnte hier nicht passieren?

Wir brauchen vier Umarmungen pro Tag zum Überleben. Wir brauchen acht Umarmungen pro Tag zur Erhaltung. Wir brauchen zwölf Umarmungen pro Tag zum Wachsen.

Virginia Satir

Wir lehren Menschen in unseren Seminaren und Workshops immer, einander in den Arm zu nehmen. Die meisten reagieren darauf, indem sie sagen: »Wo ich arbeite, könnte man die Leute nicht in den Arm nehmen.« Sind Sie sicher?

Hier ist ein Brief einer Absolventin aus einem unserer Seminare:

Lieber Jack, ich fing diesen Tag in einer eher trostlosen Stimmung an. Meine Freundin Rosalind kam vorbei und fragte mich, ob ich heute Umarmungen verteile. Ich schimpfte vor mich hin, aber dann begann ich, während der Woche über Umarmungen und all das nachzudenken. Ich habe mir das Blatt über *Wie man das Seminar lebendig erzählt* angesehen und bin immer zurückgeschreckt, wenn ich zu dem Teil über das Geben und Erhalten von Umarmungen kam, weil ich mir nicht vorstellen konnte, die Leute bei der Arbeit zu umarmen.

Nun, ich beschloß, einen »Umarmungstag« einzulegen, und ich fing an, die Kunden, die an meinen Tisch kamen, in den Arm zu nehmen. Es war großartig zu sehen, wie die Leute einfach fröhlicher wurden. Ein Student sprang auf den Tisch und tanzte. Einige Leute kamen wirklich wieder und baten um mehr. Diese beiden Xerox-Reparatur-Jungs, die einfach so vorbeigingen, ohne wirklich miteinander zu reden, waren so überrascht, sie wachten plötzlich auf und redeten und lachten die Halle hinunter. Es kommt mir so vor, als ob ich alle Leute in der Wharton-Wirtschaftsschule umarmt hätte, und alles, was an diesem Morgen mit mir nicht stimmte, einschließlich körperlicher Schmerzen, war verschwunden. Es tut mir leid, daß dieser Brief so lang ist, aber ich bin wirklich aufgeregt. Das beste war, daß auf einmal zehn Leute einander draußen vor meinem Tisch in die Arme genommen hatten. Ich konnte nicht glauben, daß dies wirklich passierte.

Liebe Grüße, Pamela Rogers

PS: Auf dem Weg nach Hause habe ich einen Polizisten bei der 37. Straße in den Arm genommen. Er sagte: »Wow! Polizisten werden nie umarmt. Sind Sie sicher, daß Sie nichts nach mir werfen wollen?«

Ein anderer Absolvent eines Seminars schickte uns das folgende Schreiben übers Umarmen:

Umarmen ist gesund. Es unterstützt das Immunsystem des Körpers, erhält dich gesünder, heilt Depressionen, vermindert Streß, es fördert den Schlaf, es ist belebend, es ist verjüngend, es hat keine unangenehmen Nebenwirkungen, und Umarmen ist nichts Geringeres als eine Wunderdroge.

Umarmen ist ganz natürlich. Es ist organisch, natürlich süß, keine Pestizide, keine Konservierungsstoffe, keine künstlichen Inhaltsstoffe und zu hundert Prozent vollwertig. Umarmen ist praktisch perfekt. Es gibt keine beweglichen Teile, keine Batterien, die nachlassen, keine wiederkehrenden

Überprüfungen, geringer Energieverbrauch, hoher Energiegewinn, inflationssicher, macht nicht dick, keine monatlichen Raten, keine Versicherungsansprüche, diebstahlsicher, steuerfrei, umweltfreundlich, und natürlich wiederverwertbar.

Jack Canfield

Wer du bist, verändert etwas

Eine Lehrerin in New York beschloß, jeden Oberstufenschüler in der High-School zu würdigen, indem sie jedem sagte, was er veränderte. Indem sie eine Methode anwandte, die Helice Bridges aus Del Mar, Kalifornien, entwickelt hatte, rief sie jeden Schüler nach vorn, einen nach dem anderen. Zuerst sagte sie ihnen, wie der Schüler für sie und die Klasse etwas veränderte. Dann schenkte sie jedem von ihnen ein blaues Ordensband, auf dem in goldenen Buchstaben aufgeprägt war: »Wer ich bin, verändert etwas.«

Danach beschloß die Lehrerin, ein Gruppenprojekt durchzuführen, um zu sehen, welchen Eindruck Anerkennung auf eine Gemeinschaft machen würde. Sie gab jedem Schüler drei weitere Ordensbänder und wies sie an, hinauszugehen und diese Zeremonie der Anerkennung zu verbreiten. Dann sollten sie die Ergebnisse verfolgen, sehen, wer wen auszeichnete, und in einer Woche der Klasse Bericht erstatten.

Einer der Jungen in der Klasse ging zu einem leitenden Angestellten einer nahe gelegenen Firma und würdigte ihn dafür, daß er ihm bei seiner Berufsplanung half. Er schenkte ihm ein blaues Band und heftete es an sein Hemd. Dann gab er ihm zwei weitere Bänder und sagte: »Wir machen ein Gruppenprojekt über Anerkennung, und wir möchten gern, daß Sie hinausgehen, jemanden finden, den Sie würdigen wollen, ihm ein blaues Band schenken, ihm dann das andere Band geben, so daß er eine dritte Person würdigen kann, um diese Anerkennungszeremonie in Gang zu halten. Dann berichten Sie mir bitte darüber und erzählen mir, was passiert ist.«

Später ging der leitende Angestellte zu seinem Chef, der übrigens als ein eher griesgrämiger Geselle bekannt war. Er ließ seinen Chef Platz nehmen, und er sagte ihm, daß er ihn sehr bewundere, weil er ein kreatives Genie sei. Der Chef schien sehr überrascht. Der leitende Angestellte fragte ihn, ob er das Geschenk des blauen Bandes annehmen und ihm erlauben würde, es ihm anzustecken. Der überraschte Chef sagte: »Nun, natürlich.«

Der leitende Angestellte nahm das blaue Band und plazierte es auf dem Jackett seines Chefs direkt über dem Herzen. Als er ihm das letzte Band gab, fragte er: »Würden Sie mir einen Gefallen tun? Würden Sie dieses Band nehmen und es weitergeben, indem Sie jemand anderen würdigen? Der Junge, der mir die Bänder zuerst gab, macht ein Schulprojekt, und wir wollen diese Anerkennungszeremonie in Gang halten und herausfinden, wie es Leute beeinflußt.«

An diesem Abend kam der Chef nach Hause zu seinem 14jährigen Sohn und ließ ihn Platz nehmen. Er sagte: »Mir ist heute etwas Unglaubliches passiert. Ich war in meinem Büro, und einer der leitenden Angestellten kam herein und sagte mir, er bewundere mich, und er schenkte mir ein blaues Band, weil ich ein kreatives Genie sei. Stell dir das vor. Er hält mich für ein kreatives Genie. Dann steckte er dieses blaue Band, auf dem steht ›Wer ich bin, verändert etwas‹, an meinem Jackett an, über dem Herzen. Er gab mir ein weiteres Band und bat mich, jemand anderen zum Anerkennen zu finden. Als ich heute abend nach Hause fuhr, fing ich an nachzudenken, wen ich mit diesem Band würdigen könnte, und ich dachte an dich. Ich möchte dich würdigen.

Meine Arbeitstage sind wirklich hektisch, und

wenn ich nach Hause komme, gebe ich dir nicht viel Aufmerksamkeit. Manchmal schreie ich dich an, weil deine Noten in der Schule nicht gut genug sind und weil dein Zimmer unordentlich ist, aber irgendwie wollte ich heute abend hier sitzen und, nun ja, dich wissen lassen, daß du etwas für mich veränderst. Neben deiner Mutter bist du die wichtigste Person in meinem Leben. Du bist ein toller Junge, und ich liebe dich!«

Der fassungslose Junge begann immer mehr zu schluchzen, und er konnte nicht aufhören zu weinen. Sein ganzer Körper bebte. Er sah zu seinem Vater auf und sagte durch seine Tränen hindurch: »Ich hatte geplant, morgen Selbstmord zu begehen, Dad, weil ich nicht glaubte, daß du mich liebst. Jetzt brauche ich das nicht zu tun.«

Helice Bridges

Einer nach dem anderen

Einer unserer Freunde ging bei Sonnenuntergang an einem einsamen mexikanischen Strand entlang. Als er so entlangschlenderte, sah er in der Ferne einen anderen Mann. Als er näher kam, bemerkte er, daß der Einheimische sich fortwährend hinunterbeugte, etwas aufhob und ins Wasser warf. Wieder und wieder schleuderte er etwas hinaus in den Ozean.

Als unser Freund sich noch mehr näherte, sah er, daß der Mann Seesterne aufhob, die an den Strand gespült worden waren, und – einen nach dem anderen – sie ins Wasser zurückwarf.

Unser Freund war verblüfft. Er näherte sich dem Mann und sagte: »Guten Abend, mein Freund. Ich habe mich gefragt, was Sie da tun.«

»Ich werfe diese Seesterne zurück ins Meer. Sehen Sie, es ist gerade Ebbe, und alle diese Seesterne sind ans Ufer gespült worden. Wenn ich sie nicht ins Meer zurückwerfe, werden sie an Sauerstoffmangel sterben.«

»Ich verstehe«, erwiderte mein Freund, »aber es muß an diesem Strand Tausende von Seesternen geben. Sie können unmöglich alle erwischen. Es gibt einfach zu viele. Und sind Sie sich nicht klar, daß dies wahrscheinlich an Hunderten von Stränden überall an dieser Küste passiert? Sehen Sie nicht, daß Sie unmöglich etwas ändern können?«

Der Einheimische lächelte, beugte sich hinunter und hob noch einen weiteren Seestern auf; als er ihn ins Meer zurückwarf, erwiderte er: »Hab für den was geändert!«

Jack Canfield und Mark V. Hansen

Das Geschenk

Bennet Cerf erzählt diese anrührende Geschichte über einen Bus, der eine Seitenstraße im Süden entlangholperte:

Auf einem Sitz saß ein feiner alter Mann mit einem Strauß von frischen Blumen. Auf der anderen Seite des Ganges war ein junges Mädchen, dessen Augen wieder und wieder zu den Blumen des Mannes hinüberglitten. Es wurde für den alten Mann Zeit auszusteigen. Impulsiv warf er die Blumen dem Mädchen in den Schoß. »Ich sehe, Sie mögen Blumen«, erklärte er, »und ich glaube, meine Frau würde es mögen, wenn Sie sie hätten. Ich werde ihr sagen, daß ich sie Ihnen gegeben habe.« Das Mädchen nahm die Blumen an, sah dann den Mann aus dem Bus steigen und durch das Tor eines kleinen Friedhofes gehen.

Bennet Cerf

Ein Bruder wie er

Einer meiner Freunde namens Paul bekam von seinem Bruder ein Auto als Weihnachtsgeschenk. Als Paul am Weihnachtstag aus seinem Büro kam, ging ein Straßenjunge um das glänzende, neue Auto herum und bewunderte es. »Ist das Ihr Auto, Mister?« fragte er.

Paul nickte. »Mein Bruder hat es mir zu Weihnachten geschenkt.« Der Junge war sehr erstaunt. »Sie meinen, Ihr Bruder hat es Ihnen gegeben, und es hat Sie nichts gekostet? Junge, ich wünschte...« Er zögerte.

Natürlich wußte Paul, was er sich wünschen würde. Er würde sich wünschen, er hätte so einen Bruder. Aber was der Bursche sagte, erschütterte ihn bis ins Mark.

»Ich wünschte«, fuhr der Junge fort, »daß ich so ein Bruder sein könnte wie er.«

Paul blickte den Jungen erstaunt an, dann fügte er impulsiv hinzu: »Möchtest du gern mal in meinem Auto mitfahren?«

»O ja, das würde ich sehr gern.«

Nach einer kurzen Fahrt wandte der Junge sich mit glühenden Augen um und sagte: »Mister, macht es Ihnen etwas aus, vor mein Haus zu fahren?«

Paul lächelte ein wenig. Er dachte, er wüßte, was der Bursche wollte. Er wollte seinen Nachbarn zeigen, daß er in einem großen Auto nach Hause fahren konnte. Aber Paul irrte sich noch einmal. »Halten Sie an, wo diese beiden Stufen sind?« bat der Junge.

Er lief die Stufen hoch. Dann, nach einer Weile, hörte Paul ihn zurückkommen, aber er kam nicht schnell. Er trug seinen kleinen, verkrüppelten Bruder. Er setzte ihn auf der untersten Stufe ab, dann drückte er sich gegen ihn und zeigte auf das Auto.

»Da ist es, Kumpel, genau wie ich's dir oben gesagt habe. Sein Bruder hat es ihm zu Weihnachten geschenkt, und es hat keinen Cent gekostet. Und eines Tages gebe ich dir genauso eines… dann kannst du all die schönen Sachen in den Weihnachtsschaufenstern selber sehen, von denen ich dir erzählt habe.«

Paul stieg aus und hob den Jungen auf den Vordersitz seines Autos. Der ältere Bruder mit den leuchtenden Augen kletterte neben ihn, und die drei begannen eine unvergeßliche Ferienfahrt.

An diesem Weihnachtstag lernte Paul, was Jesus meinte, als er sagte: *»Geben ist seliger…«*

Dan Clark

Über den Mut

»Also, du glaubst, ich bin mutig?« fragte sie.

»Ja, das glaube ich.«

»Vielleicht bin ich das. Aber das kommt daher, daß ich einige inspirierende Lehrer hatte. Ich werde dir von einem von ihnen erzählen. Vor vielen Jahren, als ich als Freiwillige im Stanford-Krankenhaus arbeitete, lernte ich ein kleines Mädchen namens Liza kennen, das an einer seltenen und schweren Krankheit litt. Die einzige Heilungschance schien eine Bluttransfusion von ihrem fünfjährigen Bruder zu sein, der wunderbarerweise die gleiche Krankheit überlebt und Antikörper gebildet hatte, die zur Bekämpfung der Krankheit nötig waren. Der Arzt erklärte ihrem kleinen Bruder die Lage und fragte den Jungen, ob er bereit sei, sein Blut für seine Schwester zu spenden. Ich sah ihn nur einen Augenblick zögern, bevor er tief Luft holte und sagte: ›Ja, ich tue es, wenn es Liza rettet.‹

Als die Transfusion im Gange war, lag er in einem Bett neben seiner Schwester und lächelte wie wir alle, als die Farbe in ihre Wangen zurückkehrte. Dann wurde sein Gesicht blaß, und sein Lächeln schwand. Er sah zu dem Arzt auf und fragte mit zitternder Stimme: ›Werde ich jetzt gleich sterben?‹

Weil er klein war, hatte der Junge den Arzt mißverstanden; er dachte, er würde ihr all sein Blut spenden müssen.

Ja, ich habe Mut gelernt«, fügte sie hinzu, »weil ich inspirierende Lehrer hatte.«

Dan Millman

Big Ed

Als ich in der Stadt ankam, um ein Seminar über »hartes« Management zu leiten, nahm mich eine kleine Gruppe von Leuten zum Abendessen mit, um mich über die Leute zu informieren, zu denen ich am nächsten Tag sprechen würde.

Der Anführer der Gruppe war offensichtlich Big Ed, ein großer, kräftiger Mann mit einer tiefen, grollenden Stimme. Beim Abendessen informierte er mich, daß er Vermittler für eine riesige internationale Organisation sei. Seine Aufgabe war es, in bestimmte Abteilungen oder Tochtergesellschaften zu gehen, um das Beschäftigungsverhältnis des diensthabenden leitenden Angestellten zu kündigen.

»Joe«, sagte er, »ich freue mich wirklich auf morgen, weil die Jungs es alle nötig haben, einem harten Burschen wie dir zuzuhören. Sie werden herausfinden, daß mein Stil der richtige ist.« Er grinste und blinzelte.

Ich lächelte. Ich wußte, der nächste Tag würde anders sein, als er es erwartete.

Am nächsten Tag saß er während des ganzen Seminars gelassen da und ging am Ende, ohne etwas zu mir zu sagen.

Drei Jahre später kehrte ich in die Stadt zurück, um ein weiteres Seminar mit ungefähr derselben Gruppe zu leiten. Big Ed war wieder da. Ungefähr um zehn Uhr stand er plötzlich auf und fragte laut: »Joe, kann ich diesen Leuten hier etwas sagen?«

Ich grinste und sagte: »Sicher. Wenn jemand so groß ist wie Sie, Ed, kann er alles sagen, was er will.«

Big Ed fuhr fort: »All ihr Jungs kennt mich, und einige von euch wissen, was mit mir passiert ist. Ich will es euch aber allen mitteilen. Joe, ich denke, Sie werden es zu schätzen wissen, wenn ich fertig bin.

Als ich Sie vorschlagen hörte, daß wir alle, um wirklich zäh zu werden, lernen sollten, denen, die uns am nächsten stehen, zu sagen, daß wir sie wirklich liebten, dachte ich, das sei ein Haufen sentimentaler Müll. Ich fragte mich, was in aller Welt das damit zu tun hat, hart zu sein. Sie sagten, Zähigkeit ist wie Leder, und Härte ist wie Granit, und daß der harte Verstand offen ist, unverwüstlich, diszipliniert und beharrlich. Aber ich konnte nicht sehen, was Liebe damit zu tun hatte.

An diesem Abend, als ich meiner Frau gegenüber im Wohnzimmer saß, störten mich Ihre Worte immer noch. Was für eine Art Mut würde es brauchen, um meiner Frau zu sagen, daß ich sie liebte? Könnte es nicht jeder sagen? Sie hatten auch gesagt, es sollte am Tage sein und nicht im Schlafzimmer. Ich merkte, daß ich meine Kehle freiräusperte und ansetzte und aufhörte. Meine Frau blickte auf und fragte mich, was ich gesagt hätte, und ich antwortete: ›Oh, nichts.‹ Dann stand ich plötzlich auf, ging durch den Raum, schob nervös ihre Zeitung zur Seite und sagte: ›Alice, ich liebe dich.‹ Eine Minute lang sah sie entsetzt aus. Dann traten ihr Tränen in die Augen, und sie sagte weich: ›Ed, ich liebe dich auch, aber dies ist das erste Mal in 25 Jahren, daß du es so gesagt hast.‹

Wir sprachen eine Weile darüber, wie die Liebe, wenn genug davon da ist, alle Arten von Spannungen lösen kann, und plötzlich beschloß ich ganz spontan, meinen ältesten Sohn in New York anzurufen. Wir haben einander nie gut verstanden. Als ich ihn am Telefon hatte, platzte ich heraus: ›Mein Sohn, du denkst wahrscheinlich, ich bin betrunken, aber das bin ich nicht. Ich dachte nur, ich rufe dich an und sage dir, daß ich dich liebe.‹

Es gab eine Pause am anderen Ende, und dann hörte ich ihn ruhig sagen: ›Dad, ich schätze, ich habe es gewußt, aber es ist bestimmt gut, es zu hören. Ich möchte, daß du weißt, ich liebe dich auch.‹ Wir plauderten nett, und dann rief ich meinen jüngsten Sohn in San Francisco an. Wir stehen einander näher. Ich sagte ihm das gleiche, und dies führte auch zu einem richtig guten Gespräch, wie wir es noch nie wirklich hatten.

Als ich in dieser Nacht im Bett lag und nachdachte, wurde mir klar, daß all die Dinge, über die Sie an diesem Tag gesprochen hatten – die richtigen Grundbestandteile des Managements –, eine weitere Bedeutung erhielten, und ich konnte es schaffen, sie anzuwenden, wenn ich beharrliche Liebe wirklich verstand und übte.

Ich begann, Bücher über das Thema zu lesen. Na klar, Joe, viele großartige Leute hatten viel zu sagen, und mir wurde bewußt, wie enorm praktizierbar angewandte Liebe in meinem Leben ist, zu Hause und auch bei der Arbeit.

Wie einige von euch Jungs hier wissen, habe ich meine Art, mit Menschen zu arbeiten, geändert. Ich fing an, mehr zuzuhören und wirklich zu hören. Ich lernte, wie es ist, zu versuchen, die Stärken der Leute kennenzulernen und sich nicht ständig mit ihren Schwächen zu befassen. Ich entdeckte die echte Freude darüber, ihnen zu helfen, ihr Vertrauen aufzubauen. Vielleicht das Wichtigste von allem war, daß ich wirklich anfing zu verstehen, daß ein ausgezeichneter Weg, Liebe und Respekt zu zeigen, darin lag, von den Leuten zu erwarten, ihre Stärken zu gebrauchen, um Ziele zu erreichen, die wir zusammen aufgestellt hatten.

Joe, dies ist meine Art, mich zu bedanken. Übrigens, da wir gerade vom Praktischen reden! Ich bin jetzt leitender Vizepräsident der Gesellschaft, und sie nennen mich einen herausragenden Führer. Okay, ihr Jungs, jetzt hört ihr diesem Burschen zu!«

Joe Batten

Die Liebe und der Taxifahrer

Neulich war ich in New York und fuhr mit einem Freund in einem Taxi. Als wir ausstiegen, sagte mein Freund zu dem Fahrer: »Danke für die Fahrt. Sie haben großartige Arbeit geleistet.«

Der Taxifahrer war für eine Sekunde sprachlos. Dann sagte er: »Sind Sie ein Klugschwätzer, oder was?«

»Nein, mein guter Mann, ich will Sie nicht verkohlen. Ich bewundere die Art, wie Sie in starkem Verkehr ruhig bleiben.«

»Yeah«, sagte der Fahrer und fuhr ab.

»Worum ging es eben?« fragte ich.

»Ich versuche, die Liebe zurück nach New York zu bringen«, sagte er. »Ich glaube, sie ist das einzige, was diese Stadt retten kann.«

»Wie kann ein einziger Mann New York retten?«

»Es ist nicht ein einziger Mann. Ich glaube, ich habe dem Taxifahrer eine unheimliche Freude gemacht. Nimm an, er hat zwanzig Fahrgäste. Er wird zu diesen zwanzig Fahrgästen nett sein, weil jemand nett zu ihm war. Diese Fahrgäste werden im Gegenzug freundlicher zu ihren Angestellten oder Verkäuferinnen oder Kellnerinnen oder sogar zu ihren Familien sein. Schließlich wird dieses Wohlwollen sich auf mindestens 1000 Menschen ausdehnen. Das ist doch nicht schlecht, oder?«

»Aber du bist auf den Taxifahrer angewiesen, um dein Wohlwollen an andere weiterzugeben.«

»Ich bin nicht auf ihn angewiesen«, sagte mein Freund. »Ich bin mir klar, daß das System nicht narrensicher ist, also werde ich heute vielleicht mit zehn verschiedenen Leuten zu tun haben. Wenn ich von zehn Leuten drei glücklich machen kann, dann kann ich letztlich indirekt die Haltung von dreitausend weiteren beeinflussen.«

»Es sieht gut aus auf dem Papier«, gab ich zu, »aber ich bin mir nicht sicher, ob es in der Praxis funktioniert.«

»Nichts ist verloren, wenn es nicht funktioniert. Es kostet mich keine Zeit, dem Mann zu sagen, daß er gute Arbeit gemacht hat. Er hat weder mehr noch weniger Trinkgeld bekommen. Wenn es auf taube Ohren gestoßen wäre, na und? Morgen wird es einen anderen Taxifahrer geben, den ich vielleicht glücklich machen kann.«

»Du bist irgendwie ein Spinner«, sagte ich.

»Das zeigt, wie zynisch du geworden bist. Ich habe eine Untersuchung daraus gemacht. Was unseren Postangestellten fehlt, neben Geld natürlich, ist, daß den Leuten, die für die Post arbeiten, niemand sagt, was für eine gute Arbeit sie leisten.«

»Aber sie leisten keine gute Arbeit.«

»Sie leisten keine gute Arbeit, weil sie meinen, es interessiert niemanden, ob sie es tun oder nicht. Warum sollte man ihnen nicht ein freundliches Wort sagen?«

Wir gingen an einem Gebäude, das gerade gebaut wurde, entlang und kamen an fünf Arbeitern vorbei, die ihr Mittagessen aßen. Mein Freund hielt an. »Das ist eine großartige Arbeit, die ihr Männer geleistet habt. Es muß eine schwierige und gefährliche Arbeit sein.«

Die Arbeiter beäugten meinen Freund mißtrauisch.

»Wann ist es fertig?«

»Juni«, knurrte ein Mann.

»Ah. Das ist wirklich beeindruckend. Sie müssen alle sehr stolz sein.«

Wir gingen weg. Ich sagte zu ihm: »Ich habe so jemanden wie dich nicht gesehen seit *Der Mann von La Mancha.*«

»Wenn diese Männer meine Worte verdaut haben, wird es ihnen deswegen bessergehen. Irgendwie wird die Stadt von ihrer Zufriedenheit profitieren.«

»Aber du kannst das nicht alles allein machen!« protestierte ich. «Du bist nur ein einzelner.«

»Das Wichtigste ist, nicht entmutigt zu werden. Die Menschen in der Stadt wieder freundlich zu machen, ist keine einfache Aufgabe, aber wenn ich andere für meine Kampagne gewinnen kann…«

»Du hast gerade einer sehr einfach aussehenden Frau zugezwinkert«, sagte ich.

»Ja, ich weiß«, antwortete er. »Und wenn sie eine Lehrerin ist, wird ihre Klasse einen phantastischen Tag haben.«

Art Buchwald

Eine einfache Geste

Jeder kann großartig sein ... weil jeder dienen kann. Du mußt kein Hochschuldiplom haben, um dienen zu können. Dein Subjekt muß nicht mit dem Verb übereinstimmen, damit du dienen kannst. Du brauchst nur ein Herz voller Güte. Eine Seele, die aus Liebe geschaffen ist.

Martin Luther King junior

Mark ging eines Tages von der Schule nach Hause, als er bemerkte, wie der Junge vor ihm stolperte und alle Bücher, die er trug, und dazu zwei Pullover, einen Baseballschläger, einen Handschuh und einen kleinen Kassettenrekorder fallen ließ. Mark kniete sich hin und half dem Jungen, die verstreuten Gegenstände aufzuheben. Da sie denselben Weg hatten, half er einen Teil der Last zu tragen. Als sie gingen, erfuhr Mark, daß der Name des Jungen Bill war, daß er Videospiele mochte, Baseball und Geschichte, daß er viele Probleme mit seinen anderen Fächern hatte und daß er sich gerade von seiner Freundin getrennt hatte.

Sie kamen zuerst zu Bills Haus, und Mark wurde auf eine Cola eingeladen und zum Fernsehen. Der Nachmittag verging angenehm mit viel Lachen und ein wenig Unterhaltung, dann ging Mark nach Hause. Sie fuhren fort, einander in der Schule zu treffen, aßen miteinander ein- oder zweimal zu Mittag, dann schlossen sie beide ihre Mittelschulausbildung ab. Sie landeten in derselben High-School, wo sie über die Jahre hindurch kurze Kontakte hatten. Schließlich kam das langersehnte Abschlußjahr, und drei Wochen vor dem Abschluß bat Bill um ein Gespräch mit Mark.

Bill erinnerte ihn an den Tag vor Jahren, als sie einander kennengelernt hatten. »Hast du dich je gefragt, warum ich an dem Tag so viele Sachen nach Hause getragen habe?« fragte Bill. »Weißt du, ich habe meinen Spind ausgeräumt, weil ich keine Unordnung für irgend jemanden hinterlassen wollte. Ich habe ein paar von den Schlaftabletten meiner Mutter beiseite gelegt, und ich ging nach Hause, um Selbstmord zu begehen. Aber nachdem wir einige Zeit mit Reden und Lachen zusammen verbracht hatten, wurde mir klar, wenn ich mich umgebracht hätte, wäre mir diese Zeit entgangen und viele andere, die folgen könnten. Nun weißt du es, Mark; als du an dem Tag meine Bücher aufgehoben hast, hast du viel mehr getan. Du hast mir das Leben gerettet.«

John W. Schlatter

Das Lächeln

Lächelt einander an, lächle deine Frau an, lächle deinen Mann an, lächle deine Kinder an, lächelt einander an – es kommt nicht darauf an, wer es ist –, und das wird helfen, in größerer Liebe zueinander zu wachsen.

Mutter Teresa

Viele Amerikaner kennen den *Kleinen Prinz*, ein wunderbares Buch von Antoine de Saint-Exupéry. Es ist ein wunderliches und sagenhaftes Buch und hat als Kindergeschichte ebensolche Wirkung wie als nachdenklich stimmende Fabel für Erwachsene. Saint-Exupérys andere Schriften, Romane und Kurzgeschichten sind weit weniger bekannt.

Saint-Exupéry war Kampfpilot, der im Kampf gegen die Nazis fiel. Vor dem Zweiten Weltkrieg kämpfte er im spanischen Bürgerkrieg gegen die

Faschisten. Er schrieb eine faszinierende Geschichte, die auf dieser Erfahrung beruht, mit dem Titel *Das Lächeln (Le Sourire)*. Es ist diese Geschichte, die ich jetzt mit Ihnen teilen möchte. Es ist unklar, ob sie autobiographisch oder fiktiv ist. Für mich ist sie ersteres.

Er erzählte, daß er vom Feind gefangengenommen und in ein Gefängnis geworfen wurde. Aufgrund der verächtlichen Blicke und der rohen Behandlung, die ihm die Gefängniswärter zuteil werden ließen, war er sicher, daß er am nächsten Tag hingerichtet werden würde. Von hier an erzähle ich die Geschichte in meinen eigenen Worten, wie ich mich an sie erinnere:

»Ich war sicher, daß ich getötet werden sollte. Ich wurde schrecklich nervös und verzweifelt. Ich wühlte in meinen Taschen, um zu sehen, ob da Zigaretten waren, die ihrer Suche entgangen waren. Ich fand eine, und weil meine Hände so zitterten, konnte ich sie kaum an meine Lippen führen. Aber ich hatte keine Streichhölzer, sie hatten sie mir weggenommen.

Ich schaute durch die Gitterstäbe auf meinen Wärter. Er nahm keinen Blickkontakt zu mir auf. Schließlich nimmt man keinen Blickkontakt zu einem Ding auf, zu einer Leiche. Ich rief ihm zu: ›Hast du Feuer, *por favor*?‹ Er sah mich an, zuckte mit den Schultern und kam herüber, um mir Feuer zu geben.

Als er näher kam und das Streichholz anzündete, begegneten sich ungewollt unsere Blicke. In diesem Moment lächelte ich. Ich weiß nicht, warum ich das tat. Vielleicht war es Nervosität, vielleicht war es, weil, wenn man einander nahe kommt, einer dem anderen, es sehr schwer ist, nicht zu lächeln. Auf jeden Fall lächelte ich. In diesem Moment war es, als ob ein Funke die Lücke zwischen unserer beiden Herzen übersprang, unserer beiden menschlichen Seelen. Ich wußte, er wollte es nicht, aber mein Lächeln sprang zwischen den Gitterstäben hindurch und erzeugte auch auf seinen Lippen ein Lächeln. Er gab mir Feuer, blieb aber nahe, indem er mir direkt in die Augen sah und fortfuhr zu lächeln.

Ich lächelte ihm weiter zu; ich nahm ihn jetzt als Mensch wahr und nicht nur als Wärter. Und sein Blick schien auch eine neue Dimension zu haben. ›Hast du Kinder?‹ fragte er.

›Aber ja, hier, hier.‹ Ich zog meine Brieftasche heraus und kramte nervös nach den Bildern meiner Familie. Er zog auch die Bilder seiner *niños* hervor und begann über seine Pläne und Hoffnungen für sie zu sprechen. Meine Augen füllten sich mit Tränen. Ich sagte, daß ich fürchtete, meine Familie nie wieder zu sehen, nie die Möglichkeit zu haben, sie heranwachsen zu sehen. Auch in seine Augen traten Tränen.

Plötzlich, ohne ein weiteres Wort, schloß er meine Zelle auf und führte mich schweigend hinaus. Aus dem Gefängnis, still und auf Nebenwegen aus der Stadt. Dort, am Rande der Stadt, entließ er mich. Und ohne ein weiteres Wort wandte er sich zurück in die Stadt.

Mein Leben wurde durch ein Lächeln gerettet.«

Ja, das Lächeln – die unaffektierte, ungeplante, natürliche Verbindung zwischen Menschen. Ich erzähle diese Geschichte in meiner Arbeit, weil ich Menschen auffordern möchte, darüber nachzudenken, daß unterhalb aller Schichten, die wir aufbauen, um uns zu schützen, unterhalb unserer Würde, unserer Titel, unseres Status und unseres Bedürfnisses, in einem bestimmten Licht gesehen zu werden – unterhalb all dessen bleibt das authentische, wesentliche Selbst. Ich scheue mich nicht, es *die Seele* zu nennen. Ich glaube wirklich, daß, wenn dieser Teil von dir und dieser Teil von mir einander erkennen könnten, wir keine Feinde sein würden. Wir könnten keinen Haß, keine Mißgunst oder Furcht empfinden. Ich ziehe die traurige Schlußfolgerung, daß all diese anderen

Schichten, die wir unser Leben lang so sorgfältig aufgebaut haben, uns von wirklichem Kontakt zu anderen entfernen und isolieren. Saint-Exupérys Geschichte spricht von dem magischen Augenblick, wenn zwei Seelen einander erkennen.

Ich hatte ein paar solcher Augenblicke. Sich zu verlieben ist ein Beispiel. Warum lächeln wir, wenn wir ein kleines Kind sehen? Vielleicht, weil wir jemanden ohne all die schützenden Schichten sehen, jemanden, von dem wir wissen, daß sein Lächeln für uns aufrichtig und ohne Arglist ist. Und diese Kinderseele in uns lächelt wehmütig in dieser Erkenntnis.

Hanoch McCarty

Amy Graham

Nachdem ich die ganze Nacht von Washington, D. C. hierhergeflogen war, war ich müde, als ich an der Mile-Hochkirche in Denver ankam, um drei Gottesdienste abzuhalten und einen Workshop über das Bewußtsein für Wohlstand zu veranstalten. Als ich in die Kirche trat, fragte mich Dr. Fred Vogt: »Kennen Sie die Stiftung ›Wünsch dir was‹?«

»Ja«, antwortete ich.

»Nun, bei Amy Graham wurde eine unheilbare Leukämie festgestellt. Sie gaben ihr drei Tage. Ihr letzter Wunsch war, an Ihren Gottesdiensten teilzunehmen.«

Ich war schockiert. Ich fühlte eine Mischung aus Begeisterung, Ehrfurcht und Zweifel. Ich konnte es nicht glauben. Ich dachte, daß Kinder, die im Sterben lagen, Disneyland sehen, Sylvester Stallone, Mr. »T« oder Arnold Schwarzenegger treffen wollten. Sicherlich würden sie ihre letzten Tage nicht damit verbringen wollen, Mark Victor Hansen zuzuhören. Warum sollte ein Kind, das nur noch wenige Tage zu leben hatte, kommen, um einen motivierenden Redner zu hören? Plötzlich wurden meine Gedanken unterbrochen…

»Hier ist Amy«, sagte Vogt, als er ihre zerbrechliche Hand in meine legte. Vor mir stand ein 17jähriges Mädchen, das einen leuchtendroten und orangefarbenen Turban trug, um ihren Kopf zu bedecken, der durch all die chemotherapeutischen Behandlungen kahl geworden war. Ihr zerbrechlicher Körper war gebeugt und schwach. Sie sagte: »Meine beiden Ziele waren, die High-School abzuschließen und an Ihrer Predigt teilzunehmen. Meine Ärzte glaubten, daß ich weder das eine noch das andere tun könnte. Sie glaubten nicht, daß ich genug Kraft hätte. Ich wurde in die Obhut meiner Eltern entlassen... Dies sind meine Eltern.«

Tränen stiegen mir in die Augen; ich war wie zugeschnürt. Mein Gleichgewicht wurde erschüttert. Ich war gänzlich gerührt. Ich räusperte mich, lächelte und sagte: »Du und deine Eltern seid unsere Gäste. Danke für Ihr Kommen.« Wir umarmten einander, wischten unsere Tränen weg und trennten uns.

Ich habe an vielen Heilseminaren in den Vereinigten Staaten, Kanada, Malaysia, Neuseeland und Australien teilgenommen. Ich habe die besten Heiler bei ihrer Arbeit beobachtet, und ich habe studiert, untersucht, gehört, bedacht und hinterfragt, was funktionierte, warum und wie.

An diesem Sonntagnachmittag hielt ich ein Seminar ab, an dem Amy und ihre Eltern teilnahmen. Der Zuhörersaal war bis zum Bersten voll mit über tausend Teilnehmern, die begierig waren, zu lernen, zu wachsen und voll und ganz menschlich zu werden.

Ich fragte die Zuhörer bescheiden, ob sie einen Heilungsvorgang kennenlernen wollten, der ihnen für ihr Leben dienen könnte. Von der Bühne aus gesehen, schien jeder seine Hand zu heben. Sie wollten einmütig lernen.

Ich lehrte die Zuhörer, ihre Hände energisch aneinander zu reiben, sie um zwei Zoll voneinander zu entfernen und die heilende Energie zu spüren. Dann gruppierte ich sie paarweise, damit sie spürten, wie die heilende Energie von sich selbst auf den anderen überging. Ich sagte: »Wenn Sie Heilung brauchen, nehmen Sie sie hier und jetzt an.«

Die Zuhörer waren im Gleichklang, und es war ein ekstatisches Gefühl. Ich erklärte, daß jeder heilende Energie und heilendes Potential besitzt. Fünf Prozent von uns besitzen sie, von unseren Händen ausströmend, in einem so großen Ausmaß, daß wir sie zu unserem Beruf machen können. Ich sagte: »An diesem Morgen wurde ich Amy Graham vorgestellt, einer 17jährigen, deren letzter Wunsch es ist, bei diesem Seminar zu sein. Ich möchte sie hierherauf bringen und bitte Sie, ihr heilende Energie zu senden. Vielleicht können wir helfen. Sie hat nicht darum gebeten. Ich tue dies spontan, weil es richtig zu sein scheint.«

Die Zuhörer riefen im Chor: »Ja! Ja! Ja! Ja!«

Amys Vater führte sie auf die Bühne hinauf. Sie sah durch die Chemotherapie, zuviel Bettruhe und fehlendes körperliches Training geschwächt aus. (Ihre Ärzte hatten sie in den zwei Wochen vor diesem Seminar nicht spazierengehen lassen.) Ich ließ die Gruppe die Hände aufwärmen und ihr heilende Energie senden, wonach sie ihr im Stehen tränenreich Beifall klatschte.

Zwei Wochen später rief sie an, um mitzuteilen, daß ihr Arzt sie nach einer vollständigen Heilung entlassen hatte. Zwei Jahre später rief sie an, um mitzuteilen, daß sie geheiratet hatte.

Ich habe gelernt, die heilende Kraft, die wir alle besitzen, nie zu unterschätzen. Sie ist immer da, um zum größtmöglichen Wohl benutzt zu werden. Wir müssen uns nur daran erinnern, sie zu gebrauchen.

Mark V. Hansen

Eine Geschichte zum Valentinstag

Larry und Jo Ann waren ein gewöhnliches Paar. Sie lebten in einem gewöhnlichen Haus in einer gewöhnlichen Straße. Wie jedes andere gewöhnliche Paar bemühten sie sich, durchzukommen und das Richtige für ihre Kinder zu tun.

Sie waren noch auf eine andere Art gewöhnlich – sie hatten ihre Zänkereien. Viele ihrer Gespräche drehten sich darum, was in ihrer Ehe falsch und wer daran schuld war.

Bis zu dem Tag, an dem ein höchst ungewöhnliches Ereignis stattfand.

»Weißt du, Jo Ann, ich habe eine Zauberkommode. Immer, wenn ich sie öffne, ist sie voller Socken und Unterwäsche«, sagte Larry. »Ich möchte dir danken, daß du sie all diese Jahre gefüllt hast.«

Jo Ann starrte ihren Mann über ihre Brille hinweg an. »Was willst du, Larry?«

»Nichts. Ich möchte dich nur wissen lassen, daß ich diese Zauberkommode zu schätzen weiß.«

Dies war nicht das erste Mal, daß Larry etwas Sonderbares getan hatte, also vertrieb Jo Ann diesen Vorfall aus ihren Gedanken – bis zu einem Moment ein paar Tage darauf.

»Jo Ann, danke, daß du diesen Monat so viele richtige Schecknummern in das Hauptbuch eingetragen hast. Du hast 15 von 16 Nummern richtig eingetragen. Das ist ein Rekord.«

Ungläubig, daß sie richtig gehört hatte, sah Jo Ann von ihrer Flickarbeit auf. »Larry, du beklagst dich immer, daß ich die falschen Schecknummern aufschreibe. Warum hörst du jetzt damit auf?«

»Kein besonderer Grund. Ich wollte dich nur wissen lassen, ich weiß deine Mühe zu schätzen.«

Jo Ann schüttelte den Kopf und wandte sich wieder ihrer Flickarbeit zu. »Was ist in ihn gefahren?« murmelte sie leise.

Trotzdem, als sie am nächsten Tag im Supermarkt einen Scheck ausschrieb, warf sie einen Blick in ihr Scheckbuch, um sich zu vergewissern, daß sie die richtige Schecknummer eingetragen hatte. »Warum kümmere ich mich auf einmal um diese dummen Schecknummern?« fragte sie bei sich.

Sie versuchte, den Vorfall nicht zu beachten, aber Larrys seltsames Verhalten steigerte sich.

»Jo Ann, das war ein großartiges Abendessen«, sagte er eines Abends. »Ich weiß deine ganze Mühe zu schätzen. Na, ich wette, in den letzten 15 Jahren hast du über 14 000 Mahlzeiten für mich und die Kinder zubereitet.«

Dann: »Mensch, Jo Ann, das Haus sieht toll aus. Du hast wirklich schwer gearbeitet, daß es so gut aussieht.« Und sogar: »Danke, Jo Ann, daß du einfach du bist. Ich genieße deine Gegenwart wirklich.«

Jo Ann begann sich Sorgen zu machen. »Wo ist der Sarkasmus, die Kritik?« fragte sie sich.

Ihre Sorge, daß etwas Eigenartiges mit ihrem Mann geschah, wurde durch die 16jährige Shelly bestätigt, die klagte: »Dad ist übergeschnappt, Mom. Er hat mir gerade gesagt, daß ich hübsch aussehe. Bei all diesem Make-up und den schlampigen Kleidern hat er es trotzdem gesagt. Das ist nicht Dad, Mom. Was stimmt mit ihm nicht?«

Was auch immer nicht stimmte, Larry hörte nicht damit auf. Tagein, tagaus fuhr er fort, sich auf das Positive zu konzentrieren. Als die Wochen vergingen, begann Jo Ann sich an das ungewöhnliche Verhalten ihres Mannes zu gewöhnen und sagte ihm sogar gelegentlich ein widerwilliges »Danke«. Sie rühmte sich, spielend mit allem fertig zu werden, bis eines Tages etwa so Eigenartiges passierte, daß sie völlig aus der Fassung geriet.

»Ich möchte, daß du eine Pause machst«, sagte Larry. »Ich werde das Geschirr abwaschen. Also, nimm bitte deine Hände von dieser Bratpfanne und verlaß die Küche.«

(Sehr lange Pause.) »Danke, Larry. Ich danke dir sehr!«

Jo Anns Schritte waren jetzt ein bißchen leichter, ihr Selbstvertrauen größer, und ab und zu summte sie. Sie schien nicht mehr so oft traurig gestimmt zu sein. »Ich mag Larrys Verhalten recht gern«, dachte sie.

Das wäre das Ende der Geschichte, wenn nicht eines Tages ein weiteres höchst außergewöhnliches Ereignis stattgefunden hätte. Dieses Mal war es Jo Ann, die sprach.

»Larry«, sagte sie, »ich möchte dir danken, daß du seit all diesen Jahren zur Arbeit gehst und für uns sorgst. Ich glaube nicht, daß ich dir jemals gesagt habe, wie sehr ich es zu schätzen weiß.«

Larry hatte nie einen Grund für seinen grundlegenden Wandel verraten, sosehr Jo Ann auch auf eine Antwort drängte, und so wird es wahrscheinlich eines der Geheimnisse des Lebens bleiben. Aber es ist eines, mit dem zu leben ich dankbar bin.

Sehen Sie, ich bin Jo Ann.

Jo Ann Larsen

Carpe diem!

Ein leuchtendes Beispiel für Mut ist John Keating, der Lehrer in dem Film *Der Club der toten Dichter*, dargestellt von Robin Williams. In diesem meisterhaften Konfliktfilm inspiriert Keating eine reglementierte, verklemmte und geistig kraftlose Gruppe von Schülern eines strengen Internats dazu, aus ihrem Leben etwas Außergewöhnliches zu machen.

Diese jungen Männer haben, wie Keating ihnen zeigt, ihre Träume und Ambitionen aus den Augen verloren. Sie leben automatisch nach den Vorstellungen und Erwartungen, die ihre Eltern von ihnen haben. Sie planen, Ärzte, Anwälte und

Bankdirektoren zu werden, weil es das ist, was ihnen ihre Eltern gesagt haben, was sie tun werden. Aber diese trockenen Typen haben kaum einen Gedanken daran verschwendet, wozu ihr Herz sie aufruft. Eine frühere Szene des Films zeigt, wie Keating die Jungen in die Eingangshalle der Schule hinunterführt, in der in einem Schaukasten Fotos früherer Abschlußjahrgänge ausgestellt sind. »Seht euch diese Bilder an, Jungs«, sagt Keating zu den Schülern. »Die jungen Männer, die ihr erblickt, hatten das gleiche Feuer in den Augen wie ihr. Sie planten, die Welt im Sturm zu nehmen und etwas Herrliches aus ihrem Leben zu machen. Das war vor siebzig Jahren. Jetzt sehen sie sich die Radieschen von unten an. Wie viele von ihnen haben wirklich ihre Träume gelebt? Haben sie getan, was sie sich zu erreichen vorgenommen hatten?« Dann beugt sich Mr. Keating in die Traube von Privatschülern und flüstert hörbar: *»Carpe diem!«* Nutze den Tag!

Zuerst wissen die Schüler nicht, was sie mit diesem seltsamen Lehrer anfangen sollen. Aber bald begreifen sie die Wichtigkeit seiner Worte. Sie beginnen, Mr. Keating zu respektieren und zu verehren, der ihnen eine neue Sichtweise gegeben – oder ihnen die ursprüngliche zurückgegeben – hat.

Jeder von uns läuft mit einer Art von Geburtstags-

karte herum, die wir gern überreichen würden – ein persönlicher Ausdruck der Freude, Kreativität oder Lebendigkeit, den wir unter unserem Hemd verstekken.

Ein Charakter in dem Film, Knox Overstreet, schwärmt unsterblich für ein hinreißendes Mädchen. Das einzige Problem ist, daß sie die Freundin eines berühmten Sportlers ist. Knox ist bis in die Zehenspitzen vernarrt in dieses liebliche Geschöpf, aber ihm fehlt das Selbstvertrauen, sich ihm zu nähern. Dann erinnert er sich an Mr. Keatings Rat *Nutze den Tag!* Knox wird sich bewußt, daß er nicht einfach weiterträumen kann – wenn er sie erobern will, muß er etwas dafür tun. Und das tut er. Kühn und poetisch erklärt er ihr seine zärtlichen Gefühle. Im weiteren Verlauf wird er von ihr abgewiesen, von ihrem Freund auf die Nase geschlagen und sieht sich beschämenden Rückschlägen gegenüber. Aber Knox ist unwillig, seinen Traum aufzugeben, also verfolgt er seinen Herzenswunsch weiter. Letztendlich spürt sie die Aufrichtigkeit seines Gefühls und öffnet ihm ihr Herz. Obwohl Knox weder besonders gutaussehend noch beliebt ist, wird das Mädchen durch die Kraft seiner ehrlichen Absicht gewonnen. Er hat sein Leben zu etwas Außergewöhnlichem gemacht.

Ich selbst hatte eine Chance, zu üben, den Tag zu nutzen. Ich begann für ein süßes Mädchen zu schwärmen, das ich in einer Tierhandlung getroffen hatte. Sie war jünger als ich, sie führte ein sehr anderes Leben, und wir hatten einander nicht viel zu sagen. Aber irgendwie schien das alles nichts auszumachen. Ich genoß es, mit ihr zusammenzusein, und ich fühlte Lebensfreude in ihrer Gegenwart. Und es schien mir, daß sie meine Gesellschaft auch genoß.

Als ich erfuhr, daß sie bald Geburtstag hatte, beschloß ich, sie zu bitten, mit mir auszugehen. Kurz bevor ich sie anrief, saß ich da und starrte eine halbe Stunde lang auf das Telefon. Dann wählte ich und legte auf, bevor es klingelte. Ich fühlte mich wie ein High-School-Junge, der zwischen aufgeregter Erwartung und Angst vor Zurückweisung schwankt. Eine Stimme, die aus der Hölle zu kommen schien, sagte mir immer wieder, daß sie mich nicht mögen würde, und daß es unverschämt wäre, sie einzuladen. Aber es begeisterte mich zu sehr, mit ihr zusammenzusein, als daß ich wegen dieser Ängste aufgegeben hätte. Endlich traute ich mich, sie einzuladen. Sie dankte mir dafür und sagte mir, daß sie schon etwas vorhätte.

Ich fühlte mich erschlagen. Dieselbe Stimme, die mir gesagt hatte, nicht anzurufen, riet mir aufzugeben, bevor ich noch mehr beschämt würde. Aber ich war fest entschlossen zu sehen, was es mit dieser Anziehung auf sich hatte. Es war mehr in mir, das ausgelebt werden wollte. Ich hatte Gefühle für diese Frau, und ich mußte sie zum Ausdruck bringen.

Ich ging in die Einkaufspassage und kaufte ihr eine schöne Geburtstagskarte, auf die ich ein paar poetische Zeilen schrieb. Ich ging zu der Tierhandlung an der Ecke, von der ich wußte, daß sie dort arbeitete. Als ich mich der Tür näherte, warnte mich dieselbe störende Stimme: »Was ist, wenn sie dich nicht mag? Was ist, wenn sie dich zurückweist?« Ich fühlte mich verletzlich und steckte die Karte unter mein Hemd. Ich beschloß, daß ich, wenn sie mir ein Zeichen der Zuneigung geben würde, sie ihr überreichen würde; wenn sie kühl zu mir wäre, würde ich die Karte in ihrem Versteck lassen. Auf diese Weise würde ich nichts riskieren und Zurückweisung oder Beschämung vermeiden.

Wir redeten eine Weile, und ich erhielt keine Zeichen der einen oder anderen Art von ihr. Ich fühlte mich unbehaglich und begann, meinen Abgang zu machen.

Als ich mich der Tür näherte, sprach jedoch eine andere Stimme zu mir. Sie kam in einem Flüstern, nicht unähnlich der von Mr. Keating. Sie ermahnte mich: »Erinnere dich an Knox Overstreet … *Carpe diem!*« Hier wurde ich mit meinem hohen Ziel konfrontiert, mein Gefühl voll und ganz auszudrücken, und mit meinem Widerstand, mich der Unsicherheit emotionaler Nacktheit gegenüberzusehen. Wie kann ich herumgehen und den Leuten erzählen, ihre Vision zu leben, fragte ich mich, wenn ich nicht meine eigene lebe? Außerdem, was ist das Schlimmste, was passieren könnte? Jede Frau wäre erfreut, eine poetische Geburtstagskarte zu erhalten. Ich beschloß, den Tag zu nutzen. Kaum hatte ich diese Wahl getroffen, fühlte ich eine Woge von Mut durch meine Adern strömen. Es lag wirklich eine Menge Kraft in der Absicht.

Ich fühlte mich zufriedener und lebte mehr mit mir selbst in Frieden, als ich es lange Zeit getan hatte … Ich mußte lernen, mein Herz zu öffnen und Liebe zu geben, ohne etwas dafür zu erwarten.

Ich zog die Karte unter meinem Hemd hervor, drehte mich um, ging auf den Ladentisch zu und gab sie ihr. Als ich sie ihr übergab, fühlte ich eine unglaubliche Lebendigkeit und Aufregung – und Angst. (Fritz Perls sagte, Angst sei »Aufregung ohne Atem«.) Aber ich tat es.

Und wissen Sie was? Sie war nicht besonders

beeindruckt. Sie sagte: »Danke« und legte die Karte beiseite, ohne sie überhaupt zu öffnen. Mein Herz sank. Ich fühlte mich enttäuscht und zurückgewiesen. Keine Antwort zu erhalten schien sogar schlimmer zu sein als eine direkte Zurückweisung.

Ich verabschiedete mich höflich und ging aus dem Laden. Dann geschah etwas Erstaunliches. Ich begann in Hochstimmung zu kommen. Eine große Welle von innerer Befriedigung begann in mir anzuschwellen und durch mein ganzes Sein zu fluten. Ich hatte mein Gefühl zum Ausdruck gebracht und das fühlte sich phantastisch an! Ich hatte mich über die Angst hinweggesetzt und war auf die Tanzfläche gegangen. Ja, ich war etwas unbeholfen gewesen, aber ich hatte es getan. (Emmert Fox sagte: »Tu es zitternd, wenn es sein muß, aber tu es!«) Ich hatte mein Herz offengelegt, ohne eine Garantie für das Erlebnis zu verlangen. Ich hatte nicht gegeben, um etwas von ihr zurückzubekommen. Ich hatte ihr meine Gefühle offenbart, ohne es mit einer bestimmten Antwort zu verbinden.

Die Dynamik, die nötig ist, damit eine jede Beziehung funktionieren kann: Trag deine Liebe unaufhörlich nach draußen.

Meine Hochstimmung vertiefte sich zu einem warmen Glücksgefühl. Ich fühlte mich zufriedener und lebte mehr mit mir selbst in Frieden, als ich es lange Zeit getan hatte. Mir wurde der Zweck der ganzen Erfahrung bewußt: Ich mußte lernen, mein Herz zu öffnen und Liebe zu geben, ohne etwas dafür zu erwarten. Bei dieser Erfahrung ging es nicht darum, eine Beziehung zu dieser Frau aufzubauen. Es ging darum, meine Beziehung zu mir selbst zu vertiefen. Und ich tat es. Mr. Keating wäre stolz auf mich gewesen. Aber vor allem war ich stolz.

Ich habe das Mädchen seitdem nicht oft gesehen, aber diese Erfahrung veränderte mein Leben. Durch diese einfache Wechselwirkung sah ich die Dynamik sehr klar, die nötig ist, damit eine jede Beziehung und vielleicht die ganze Welt funktionieren kann. Trag deine Liebe unaufhörlich nach draußen. Wir glauben, daß wir verletzt werden, wenn wir keine Liebe erhalten. Aber das ist es nicht, was uns verletzt. Unser Schmerz entsteht dann, wenn wir keine Liebe *geben*. Wir sind auf der Welt, um zu lieben. Man könnte sagen, daß wir von Gott geschaffene Liebesautomaten sind. Wir funktionieren am kraftvollsten, wenn wir Liebe geben. Die Welt hat uns glauben gemacht, daß unser Wohlbefinden davon abhängt, von anderen geliebt zu werden. Aber das gehört zu der Art von verkehrtem Denken, das so viele unserer Probleme verursacht hat. Die Wahrheit ist, daß unser Wohlbefinden davon abhängt, Liebe zu *geben*. Es geht nicht darum, was zurückkommt, es geht darum, was *hinausgeht*.

Alan Cohen

Ich kenne dich, du bist wie ich!

Einer unserer engsten Freunde ist Stan Dale. Stan hielt ein Seminar über Liebe und Beziehungen mit dem Titel »Sexualität, Liebe und Intimität«. Vor einigen Jahren reiste er mit 24 Leuten für zwei Wochen in die Sowjetunion, mit der Absicht zu erfahren, wie die Menschen dort wirklich sind. Als er in seinem Mitteilungsblatt über seine Erlebnisse schrieb, waren wir von der folgenden Anekdote sehr berührt:

Während wir durch einen Park in der Industriestadt Charkow gingen, sah ich einen alten russischen Veteranen des Zweiten Weltkrieges. Sie sind leicht an ihren Medaillen und Ordensbändern zu erkennen, die sie noch immer stolz in ihren Hemden und Jacken zur Schau tragen. Dies ist kein Akt der Ichbezogenheit. Es ist die Art ihres Landes, jene zu ehren, die geholfen haben, Rußland zu retten, wenn auch zwanzig Millionen Russen von den Nazis getötet worden sind. Ich ging auf diesen alten Mann zu, der dort mit seiner Frau saß, und sagte: »Drushba, emir« (Freundschaft und Frieden). Der Mann sah mich wie ungläubig an, nahm den Button, den wir für die Reise gemacht hatten und auf dem russisch »Freundschaft« stand und Karten der USA und der UdSSR abgebildet waren, die von liebenden Händen gehalten wurden, und sagte: »Amerikanski?« Ich antwortete: »Da, Amerikanski. Drushba, emir.« Er klatschte in die Hände, als ob wir Brüder seien, die lange voneinander getrennt gewesen waren, und wiederholte noch einmal: »Amerikanski!« Dieses Mal klangen Anerkennung und Liebe in seiner Äußerung mit. In den nächsten Minuten sprachen er und seine Frau auf russisch, als wenn ich jedes Wort verstünde, und ich sprach englisch, als wenn ich wüßte, daß er verstünde. Wissen Sie was? Keiner von uns verstand ein Wort, aber wir verstanden einander. Wir umarmten einander, lachten und weinten, während wir immerzu sagten: »Drushba, emir, amerikanski« – »Ich liebe dich, ich bin stolz, in deinem Land zu sein, wir wollen keinen Krieg. *Ich liebe dich!*«

Nach ungefähr fünf Minuten verabschiedeten wir uns voneinander, und unsere kleine Gruppe von sieben Leuten ging weiter. Ungefähr 15 Minuten später, in einer beträchtlichen Entfernung, holte derselbe alte Veteran uns ein. Er kam auf mich zu, nahm seinen Leninorden (wahrscheinlich sein kostbarster Besitz) und heftete ihn an meine Jacke. Er küßte mich dann auf den Mund und umarmte mich in der wärmsten, liebevollsten Weise, die mir je passiert ist. Dann weinten wir beide, sahen einander sehr lange in die Augen und sagten: »Doswedanja« (auf Wiedersehen).

Die oben beschriebene Geschichte steht symbolisch für unsere gesamte »staatsbürgerlich-diplomatische« Reise in die Sowjetunion. Jeden Tag trafen und berührten wir Hunderte von Menschen in allen möglichen und unmöglichen Szenen. Weder die Russen noch wir selbst werden jemals wieder wie vorher sein. Es gibt jetzt Hunderte von Schulkindern von den drei Schulen, die wir besucht haben, die nicht mehr so schnell bereit sein werden, von den Amerikanern als Leute zu denken, die »eine Atombombe auf sie werfen« wollen. Wir tanzten, sangen und spielten mit den Kindern jeden Alters, und dann umarmten und küßten wir sie und tauschten Geschenke. Sie gaben uns Blumen, Kekse, Buttons, selbstgemalte Bilder, Puppen, und – was am wichtigsten war – ihre Herzen und ihren offenen Sinn.

Mehr als einmal wurden wir zu Hochzeitsfeiern eingeladen, und kein Familienmitglied hätte herzlicher aufgenommen, begrüßt und gefeiert werden können als wir. Wir umarmten und küßten einander, tanzten und tranken Champagner, Schnaps und Wodka mit Braut und Bräutigam sowie mit Momma und Poppa und dem Rest der Familie.

In Kursk wurden wir von sieben russischen Familien als Gäste aufgenommen, die sich bereit erklärten, uns zu einem wunderbaren Abend mit Essen, Trinken und Gesprächen einzuladen. Vier Stunden später wollte niemand von uns gehen. Unsere Gruppe hat jetzt eine ganz neue Familie in Rußland.

Am folgenden Abend gaben wir zu Ehren »unserer Familie« ein Fest in unserem Hotel. Das Orchester spielte fast bis Mitternacht, und raten Sie mal! Wieder aßen, tranken, redeten, tanzten wir und weinten, als es Zeit wurde, auf Wiedersehen zu sagen. Wir tanzten jeden Tanz, als wenn wir leidenschaftliche Liebende wären, und wir waren genau das.

Ich könnte ewig von unseren Erlebnissen erzählen, und doch gäbe es keine Möglichkeit, Ihnen genau zu vermitteln, wie wir uns fühlten. Wie würden Sie sich fühlen, wenn Sie in Ihrem Hotel in Moskau ankämen und eine auf russisch geschriebene telefonische Nachricht vom Büro Michail Gorbatschows auf Sie warten würde mit dem Wortlaut, er bedauere, Sie an diesem Wochenende nicht treffen zu können, da er sich außerhalb der Stadt aufhalte, habe aber statt dessen eine Diskussion am runden Tisch mit ungefähr einem halben Dutzend Mitgliedern des Zentralkomitees arrangiert? Es war eine äußerst freie Diskussion über alle erdenklichen Themen, einschließlich Sex.

Wie würden Sie sich fühlen, wenn mehr als ein Dutzend alter Damen, Babuschkas tragend, die Stufen ihrer Appartementhäuser herunterkämen und Sie umarmten und küßten? Wie würden Sie sich fühlen, wenn Ihre Führerinnen, Tanja und Natascha, Ihnen und Ihrer Gruppe erzählten, sie hätten nie jemanden wie Sie gesehen? Und als wir abreisten, weinten alle dreißig von uns, weil wir uns in diese fabelhaften Frauen verliebt hatten und sie sich in uns. Ja, wie würden Sie sich dabei fühlen? Wahrscheinlich genau wie wir.

Jeder von uns hatte natürlich sein eigenes Erlebnis, aber die gemeinsame Erfahrung beweist sicherlich eines: Die einzige Art, wie wir den Frieden auf dieser Erde sichern werden, besteht darin, die ganze Welt als »unsere Familie« anzunehmen.

Wir werden sie umarmen und küssen müssen. Und mit ihr tanzen und spielen. Und wir werden uns hinsetzen müssen und mit ihr reden und gehen und weinen. Denn wenn wir das tun, werden wir sehen, daß wirklich jeder schön ist und wir alle uns wunderbar ergänzen und wir ärmer wären ohneeinander. Dann hätte der Ausspruch: »Ich kenne dich, du bist wie ich!« eine übergeordnete Bedeutung von: »Dies ist ›meine Familie‹, und ich werde zu ihr stehen, egal was passiert!«

Stan Dale

Das zärtlichste Bedürfnis

Mindestens einmal am Tag kommt unser alter schwarzer Kater auf eine besondere Art zu einem von uns, die wir alle eine bestimmte Bitte zu deuten gelernt haben. Sie bedeutet nicht, daß er gefüttert oder hinausgelassen werden will oder etwas dergleichen. Sein Bedürfnis ist etwas ganz anderes.

Wenn man einen Schoß bereit hat, springt er darauf, wenn nicht, steht er wahrscheinlich da und sieht so lange schwermütig aus, bis man ihm einen bereitet. Wenn er erst einmal draufliegt, fängt er schon zu vibrieren an, bevor man seinen Rücken gestreichelt, sein Kinn gekratzt und ihm noch einmal und noch einmal gesagt hat, was für ein braves Kätzchen er ist.

Dann kommt sein Motor erst richtig auf Touren; er windet sich, um es sich bequem zu machen; er spreizt die Pfoten. Ab und zu gerät sein Schnurren außer Kontrolle und wird zu einem Schnarchen. Er sieht einen mit weit offenen Augen voller Liebe an, und er gibt einem das lange, langsame Blinzeln einer Katze voller tiefstem Vertrauen.

Nach einer Weile beruhigt er sich allmählich. Wenn er spürt, daß es in Ordnung ist, bleibt er vielleicht zu einem gemütlichen Nickerchen auf dem Schoß liegen. Aber genauso wahrscheinlich hüpft er herunter und spaziert davon, um seinen Geschäften nachzugehen. In jedem Fall geht es ihm gut.

Unsere Tochter drückt es einfacher aus: »Blakkie muß geschnurrt werden.«

In unserem Haushalt ist er nicht der einzige, der dieses Bedürfnis hat: Ich teile es und auch meine Frau. Wir wissen, das Bedürfnis ist nicht auf eine bestimmte Altersgruppe beschränkt. Doch weil ich sowohl Lehrer als auch Vater bin, verbinde ich es besonders mit Jugendlichen, mit ihrem schnellen, impulsiven Bedürfnis nach einer Umarmung, einem warmen Schoß, einer ausgestreckten Hand, einer festgesteckten Tagesdecke, nicht weil etwas los wäre, nicht weil etwas getan werden müßte, sondern weil es einfach ihre Art ist.

Es gibt viele Dinge, die ich gern für alle Kinder tun würde. Wenn ich nur eines tun könnte, wäre es dies: jedem Kind überall mindestens ein ordentliches Schnurren am Tag zu garantieren.

Kinder, wie Katzen, brauchen Zeit zum Schnurren.

Fred T. Wilhelms

Bopsy

Die 26 Jahre alte Mutter starrte auf ihren Sohn herab, der an unheilbarer Leukämie litt und im Sterben lag. Obwohl ihr Herz von Traurigkeit erfüllt war, hatte sie ein starkes Gefühl von Entschlossenheit. Wie jede Mutter wollte sie, daß ihr Sohn aufwuchs und all seine Träume erfüllte. Jetzt war das nicht mehr möglich. Die Leukämie würde dafür sorgen. Aber sie wünschte noch immer, daß die Träume ihres Sohnes wahr wurden.

Sie nahm die Hand ihres Sohnes und fragte: »Bopsy, hast du jemals darüber nachgedacht, was du werden willst, wenn du groß bist? Hast du jemals Träume und Wünsche gehabt, was du mit deinem Leben anfangen wolltest?«

»Mami, ich wollte immer Feuerwehrmann werden, wenn ich groß bin.«

Die Mutter lächelte zurück und sagte: »Laß uns sehen, ob wir deinen Wunsch erfüllen können.« Später an diesem Tag ging sie zur örtlichen Feuerwehr in Phoenix, Arizona, wo sie den Feuerwehrmann Bob traf, der ein Herz hatte, so groß wie Phoenix. Sie erläuterte den letzten Wunsch ihres Sohnes und fragte, ob es möglich wäre, ihrem sechsjährigen Sohn eine Runde um den Block in einem Feuerwehrauto zu schenken.

Feuerwehrmann Bob sagte: »Sehen Sie, wir können es noch besser machen. Wenn Sie Ihren Sohn am Mittwochmorgen um sieben Uhr bereit halten, machen wir ihn für den ganzen Tag zu einem Ehrenfeuerwehrmann. Er kann zur Feuerwache mitkommen, mit uns essen, zu den Einsätzen fahren, die ganzen neun Höfe! Und, wenn Sie uns seine Größe nennen, kriegt er eine richtige Feuerwehruniform mit einer richtigen Feuerwehrmütze – keine Spielzeugmütze – mit dem Emblem der Phoenix-Feuerwehr, eine gelbe Regenjacke, wie wir sie tragen, und Gummistiefel. Das wird alles hier hergestellt, also können wir es schnell bekommen.«

Feuerwehrmann Bob holte Bopsy drei Tage später ab, zog ihm seine Feuerwehruniform an und begleitete ihn von seinem Krankenhausbett zu dem wartenden Leiterwagen. Bopsy durfte hinten im Wagen sitzen und helfen, ihn zur Feuerwache zurückzusteuern. Er war im Himmel.

Es gab drei Einsätze an dem Tag in Phoenix, und Bopsy kam zu allen Einsätzen mit. Er fuhr in den verschiedenen Feuerwehrfahrzeugen, dem Sanitätswagen und sogar im Auto des Hauptmanns. Er wurde auch für das örtliche Nachrichtenprogramm auf Video aufgenommen.

Das Wahrwerden seines Wunsches und all die Liebe und Aufmerksamkeit, mit denen er überschüttet wurde, berührte Bopsy so tief, daß er drei Monate länger lebte, als jeder Arzt es für möglich gehalten hätte.

Eines Nachts verschlechterten sich seine Werte dramatisch, und die Oberschwester rief die Familienmitglieder ins Krankenhaus. Dann fiel ihr der Tag ein, den Bopsy als Feuerwehrmann verbracht hatte, also rief sie den Hauptmann an und fragte, ob es möglich wäre, einen Feuerwehrmann in Uniform zu Bopsy ins Krankenhaus zu schicken.

Der Hauptmann antwortete: »Wir können es noch besser machen. Wir werden in fünf Minuten da sein. Würden Sie mir einen Gefallen tun?

Wenn Sie die Sirenen heulen hören und die Lichter aufblitzen sehen, würden Sie über die Lautsprecheranlage melden, daß kein Feueralarm ist? Es ist nur die Feuerwehr, die noch einmal eines ihrer tüchtigsten Mitglieder wiedersehen will. Und öffnen Sie bitte das Fenster zu seinem Zimmer. Danke.«

Ungefähr fünf Minuten später kam ein Leiterwagen am Krankenhaus an und fuhr seine Leiter bis zu Bopsys offenem Fenster im dritten Stock aus; 14 Feuerwehrmänner und zwei Feuerwehrfrauen kletterten die Leiter hinauf und in Bopsys Zimmer. Mit der Erlaubnis der Mutter umarmten und hielten sie ihn und sagten ihm, wie sehr sie ihn liebten.

Mit dem letzten Atemzug sah Bopsy zu dem Feuerwehrhauptmann auf und sagte: »Chef, bin ich jetzt wirklich ein Feuerwehrmann?«

»Bopsy, das bist du«, sagte der Hauptmann.

Bei diesen Worten lächelte Bopsy und schloß seine Augen zum letzten Mal.

Jack Canfield und Mark V. Hansen

Welpen zu verkaufen

Ein Ladenbesitzer heftete ein Schild über seiner Türe an, auf dem stand »Welpen zu verkaufen«. Schilder wie dieses haben eine große Anziehungskraft auf kleine Kinder, und tatsächlich erschien ein kleiner Junge unter dem Schild des Ladenbesitzers. »Für wieviel verkaufen Sie die Welpen?« fragte er. Der Ladenbesitzer antwortete: »Alle zwischen dreißig und fünfzig Dollar.«

Der kleine Junge griff in seine Tasche und zog etwas Kleingeld heraus. Ich habe zwei Dollar, 37 Cents«, sagte er. »Kann ich sie mir bitte ansehen?«

Der Ladenbesitzer lächelte und pfiff, und aus der Hundehütte kam Lady, die den Gang vor dem Laden hinunterlief, gefolgt von fünf winzig kleinen Fellbällen. Ein Welpe blieb weit hinter den anderen zurück. Sofort griff der kleine Junge den zurückbleibenden, hinkenden Welpen heraus und sagte: »Was ist mit diesem kleinen Hund los?«

Der Ladenbesitzer erklärte, der Tierarzt habe den Welpen untersucht und entdeckt, daß er keine Hüftgelenkpfanne hatte. Er würde immer hinken. Er würde für immer gelähmt sein. Der kleine Junge wurde aufgeregt: »Das ist der kleine Welpe, den ich kaufen möchte.«

Der Ladenbesitzer sagte: »Nein, du willst diesen kleinen Hund nicht kaufen. Wenn du ihn wirklich willst, werde ich ihn dir schenken.«

Der kleine Junge geriet ziemlich außer sich. Er sah direkt in die Augen des Ladenbesitzers, zeigte mit dem Finger auf den Hund und sagte: »Ich will nicht, daß Sie ihn mir schenken. Dieser kleine Hund ist genausoviel wert wie all die anderen Hunde, und ich bezahle den vollen Preis. Das heißt, ich werde Ihnen jetzt zwei Dollar, 37 Cents geben und fünfzig Cents jeden Monat, bis ich ihn bezahlt habe.«

Der Ladenbesitzer entgegnete: »Du willst diesen kleinen Hund gar nicht kaufen. Er wird nie laufen und springen und mit dir spielen können wie die anderen Welpen.«

Als Antwort bückte sich der kleine Junge und rollte sein Hosenbein auf, um ein stark verdrehtes, verkrüppeltes linkes Bein zu enthüllen, das durch eine große Metallschiene gestützt wurde. Er sah zu dem Ladenbesitzer auf und erwiderte weich: »Nun, ich laufe selbst nicht so gut, und der kleine Welpe wird jemanden brauchen, der ihn versteht!«

Dan Clark

2

SICH SELBST LIEBEN LERNEN

Oliver Wendell Holmes besuchte einmal eine Versammlung, bei der er der kleinste der Anwesenden war.
»Dr. Holmes«, witzelte ein Freund, »ich glaube, Sie müssen sich recht klein fühlen unter uns großen Männern.«
»Das tue ich«, gab Holmes scharf zurück, »ich fühle mich wie ein Zehncentstück unter lauter Cents.«

Der goldene Buddha

Hier ist mein Geheimnis. Es ist ganz einfach. Man sieht nur mit dem Herzen gut. Das Wesentliche ist für die Augen unsichtbar.

Antoine de Saint-Exupéry

Im Herbst 1988 wurden meine Frau und ich zu einer Konferenz nach Hongkong eingeladen, um einen Vortrag über Selbstachtung und Höchstleistungen zu halten. Da wir noch nie im Fernen Osten waren, beschlossen wir, unsere Reise auszudehnen und Thailand zu besuchen.

Als wir in Bangkok ankamen, entschieden wir uns, eine Rundfahrt zu den berühmtesten buddhistischen Tempeln der Stadt zu machen. Mit unserem Dolmetscher und Fahrer besichtigten wir an diesem Tag zahlreiche buddhistische Tempel, aber nach einer Weile begannen sie alle in unserer Erinnerung zu verschwimmen.

Es gab jedoch einen Tempel, der einen unauslöschlichen Eindruck in unseren Herzen und Gedanken hinterließ. Er wird der Tempel des goldenen Buddha genannt. Der Tempel selbst ist sehr klein, wahrscheinlich nicht größer als neun mal neun Meter. Als wir hineingingen, machte uns der Anblick eines über drei Meter großen, massivgoldenen Buddhas sprachlos. Er wiegt zweieinhalb Tonnen und wird auf ungefähr 196 Millionen Dollar geschätzt! Es war ein ziemlich ehrfurchtgebietender Anblick – der gütig-freundliche, doch imposante massivgoldene Buddha lächelte auf uns herab.

Als wir uns in unsere normalen touristischen Aufgaben vertieften (um unter Oh- und Ah-Rufen von der Statue Fotos zu machen), ging ich zu einem Glaskasten hinüber, der ein großes Stück Ton von etwa acht Zoll Dicke und zwölf Zoll Breite enthielt. Neben dem Glaskasten war eine maschinengeschriebene Seite, auf der die Geschichte dieses herrlichen Kunstwerks beschrieben war.

Im Jahre 1957 mußte eine Gruppe von Mönchen eines Klosters einen Tonbuddha aus ihrem Tempel an einen anderen Ort umsiedeln. Das Kloster mußte umziehen, um Platz für eine Autobahn durch Bangkok zu schaffen. Als der Kran begann, das gigantische Idol anzuheben, war sein Gewicht so gewaltig, daß es zu reißen begann. Darüber hinaus fing es an zu regnen. Das Oberhaupt der Mönche, das über eine Beschädigung des heiligen Buddhas besorgt war, beschloß, die Statue wieder auf den Boden herabzulassen und sie mit einer großen Leinwandplane abzudecken, um sie vor dem Regen zu schützen.

Später am Abend ging der Mönch den Buddha nachprüfen. Er leuchtete mit seiner Taschenlampe unter die Plane, um zu sehen, ob der Buddha trocken blieb. Als das Licht auf den Riß fiel, bemerkte er, daß ein kleiner Schimmer aufleuchtete, und fand es seltsam. Als er diesen Lichtschimmer genauer ansah, fragte er sich, ob da etwas unter dem Ton sei. Er ging, um einen Hammer und einen Meißel aus dem Kloster zu holen, und begann, den Ton wegzumeißeln. Als er Scherben von Ton abgeschlagen hatte, wurde der kleine Schimmer leuchtender und größer. Viele Stunden der Arbeit vergingen, bevor der Mönch dem außergewöhnlichen massivgoldenen Buddha Angesicht zu Angesicht gegenüberstand.

Historiker glauben, daß viele hundert Jahre vor der Entdeckung des Oberhauptes der Mönche die burmesische Armee im Begriff war, in Thailand (damals Siam genannt) einzumarschieren. Die siamesischen Mönche wurden sich bewußt, daß ihr Land bald angegriffen werden würde, und bedeckten ihren kostbaren goldenen Buddha mit einer äußeren Schicht aus Ton, um ihn vor der Plünderung durch die Burmesen zu schützen. Unglücklicherweise scheint es, daß die Burmesen alle siamesischen Mönche niedergemetzelt hatten, und das wohlgehütete Geheimnis des goldenen Buddhas blieb bis zu jenem schicksalhaften Tag im Jahre 1957 gewahrt.

Als wir mit Cathay Pacific Airlines nach Hause flogen, dachte ich bei mir: »Wir sind alle wie der Tonbuddha, bedeckt mit einer Hülle aus Härte, die aus Furcht entsteht, und unter der Hülle ist doch jeder ein ›goldener Buddha‹, ein ›goldener Christus‹ oder ein ›goldener Wesenskern‹, der unser wirkliches Selbst ist. Irgendwo auf dem Weg, im Alter zwischen zwei und neun, beginnen wir, unseren ›goldenen Wesenskern‹ zu verdecken, unser natürliches Selbst. Sehr ähnlich dem Mönch mit dem Hammer und dem Meißel, ist es jetzt unser Ziel, unseren wahren Wesenskern neu zu entdecken.«

Jack Canfield

Fang bei dir selbst an

Die folgenden Worte wurden auf den Grabstein eines anglikanischen Bischofs in den Krypten der Westminster Abbey geschrieben:

Als ich jung und frei war und mein Vorstellungsvermögen keine Grenzen hatte, träumte ich davon, die Welt zu verändern. Als ich älter und weiser wurde, entdeckte ich, daß sich die Welt nicht ändern würde, also schränkte ich meine Sichtweise etwas ein und beschloß, nur mein Land zu verändern. Auch dieses schien unbezwinglich. Als ich in meinen Lebensabend eintrat, verlegte ich mich in einem letzten verzweifelten Versuch darauf, nur meine Familie zu verändern, jene, die mir am nächsten standen, aber leider ließen sie es nicht zu.

Und jetzt, wo ich auf dem Sterbebett liege, wird mir auf einmal klar: *Wenn ich nur mich selbst zuerst geändert hätte,* dann hätte ich durch mein Beispiel meine Familie verändert.

Aus ihrer Inspiration und Ermutigung heraus wäre ich dann in der Lage gewesen, mein Land zu bessern, und wer weiß, vielleicht hätte ich sogar die Welt verändert.

Anonym

Nichts als die Wahrheit!

David Casstevens von den *Dallas Morning News* erzählte eine Geschichte über Franz Szymanski, einen Mittelfeldspieler des Notre-Dame-Teams in den vierziger Jahren, der als Zeuge in einem Zivilprozeß in South Bend geladen war.

»Sind Sie dieses Jahr beim Notre-Dame-Footballteam?« fragte der Richter.

»Ja, Euer Ehren.«

»Welche Position?«

»Mittelfeld, Euer Ehren.«

»Wie gut im Mittelfeld?«

Szymanski wand sich auf seinem Stuhl, sagte aber fest: »Sir, ich bin der beste Mittelfeldspieler, den Notre Dame je hatte.«

Coach Frank Leahy, der im Gerichtssaal saß, war überrascht. Szymanski war immer anständig und bescheiden gewesen. Als die Verhandlung vorüber war, nahm er Szymanski daher beiseite und fragte, warum er eine solche Aussage gemacht habe. Szymanski wurde rot.

»Ich haßte es, Coach«, sagte er. »Aber schließlich stand ich unter *Eid*!«

David Casstevens

Alle Male gedeckt

Ein kleiner Junge wurde belauscht, wie er mit sich selbst sprach, als er mit großen Schritten durch den Hinterhof ging, die Baseballkappe auf und Ball und Schläger bei sich. »Ich bin der größte Baseballspieler der Welt«, sagte er stolz. Dann warf er den Ball in die Luft, schlug und fehlte. Unverzagt nahm er den Ball auf, warf ihn in die Luft und sagte zu sich selbst: »Ich bin der größte Spieler überhaupt.« Er schlug wieder nach dem Ball, und wieder fehlte er. Er hielt einen Moment inne, um Schläger und Ball sorgfältig zu untersuchen. Dann warf er den Ball noch einmal in die Luft und sagte: »Ich bin der größte Baseballspieler, der je gelebt hat.« Er schwang den Schläger kräftig und verfehlte den Ball erneut.

»Mensch!« rief er aus. »Was für ein Werfer!«

Anonym

Eines Sonntagmorgens nach der Kirche zeichnete meine fünfjährige Enkeltochter konzentriert auf einem Blatt Papier. Befragt, was sie zeichne, antwortete sie, daß sie Gott zeichne. »Aber niemand weiß, wenn ich das Bild fertig habe!« antwortete sie.

Jacques Hall

Meine Erklärung der Selbstachtung

Was ich bin, ist gut genug, wenn ich es nur frei-heraus wäre.

Carl Rogers

Das folgende wurde als Antwort auf die Frage eines 15jährigen Mädchens geschrieben: »Wie kann ich mich auf ein erfüllendes Leben vorbereiten?«

Ich bin ich.

Auf der ganzen Welt gibt es niemanden, der genauso ist wie ich. Es gibt Menschen, die mir in Teilen ähnlich sind, aber niemand ist ganz wie ich. Deswegen gehört alles, was von mir kommt, auf authentische Weise mir, weil ich allein es wähle.

Mir gehört alles von mir – mein Körper und alles, was er tut; mein Verstand und alle Gedanken und Ideen; meine Augen und alle Bilder, die sie erblicken; meine Gefühle, was immer sie sein mögen – Wut, Freude, Frustration, Liebe, Enttäuschung, Aufregung; mein Mund und alle Worte, die aus ihm kommen – höflich, süß und roh, richtig oder falsch; meine Stimme, laut und leise; alle meine Taten, ob sie auf andere oder mich selbst gerichtet sind.

Mir gehören meine Phantasien, meine Träume, meine Hoffnungen, meine Ängste.

Mir gehören all meine Triumphe und Erfolge, all meine Niederlagen und Fehler.

Weil mir alles von mir gehört, kann ich mir selbst eng vertraut werden. Dadurch kann ich mich lieben und in allen Teilen freundlich zu mir sein. Ich kann es dann allem von mir möglich machen, in meinem besten Interesse zu wirken.

Ich weiß, es gibt Aspekte von mir selbst, über die ich im unklaren bin, und andere Aspekte, die ich nicht kenne. Aber solange ich mir selbst gegenüber freundlich und liebend bin, kann ich mutig und hoffnungsvoll nach Lösungen für das Rätsel und nach Möglichkeiten suchen, mehr über mich herauszufinden.

Wie ich auch immer in einem gegebenen Augenblick aussehe und klinge, was immer ich sage und tue und was immer ich denke und fühle, bin ich. Dies ist authentisch und repräsentiert, wo ich zur Zeit stehe.

Wenn ich später überblicke, wie ich aussah und klang, was ich sagte und tat und wie ich dachte und fühlte, könnten sich einige Aspekte als unpassend herausstellen. Ich kann das Unpassende verwerfen und das behalten, was sich als passend erwiesen hat, und etwas Neues erfinden für das, was ich verwarf.

Ich kann sehen, hören, fühlen, denken, sagen und tun. Ich besitze das Handwerkszeug zum Überleben, anderen nahe zu sein, produktiv zu sein, aus der Welt der Menschen und Dinge, die mich umgeben, Sinn und Ordnung zu schaffen.

Ich gehöre mir, und deswegen kann ich mich gestalten.

Ich bin ich, und das ist okay.

Virginia Satir

Die Obdachlose

Sie pflegte im Postamt in der Fünften Straße zu schlafen. Ich konnte sie riechen, bevor ich um die Ecke zum Eingang kam, wo sie schlief, aufrecht stehend, bei den öffentlichen Telefonzellen. Ich roch den Urin, der durch die Schichten ihrer schmutzigen Kleider sickerte, und den Zerfall aus ihrem fast zahnlosen Mund. Wenn sie nicht schlief, murmelte sie unzusammenhängend vor sich hin.

Da das Postamt um sechs geschlossen wird, um die Obdachlosen fernzuhalten, rollt sie sich auf dem Bürgersteig zusammen, sie spricht mit sich selbst, ihr Mund steht offen, als wenn er nicht zu ihr gehört, ihre Gerüche werden durch die leichte Brise vermindert.

An einem Erntedanktag hatten wir so viel Essen übrig, daß ich es einpackte, mich bei den anderen entschuldigte und zur Fünften Straße fuhr.

Es war eine sehr kalte Nacht. Blätter wirbelten über die Straße, und kaum jemand war draußen, alle waren, bis auf ein paar Unglückliche, in einem warmen Zuhause oder einer Zuflucht. Aber ich wußte, ich würde sie finden.

Sie war angezogen, wie sie es immer war, sogar im Sommer: Die warmen wollenen Schichten verdeckten ihren alten, gebeugten Körper. Sie hockte an einem Drahtzaun vor dem Spielplatz neben dem Postamt. »Warum hat sie sich nicht einen windgeschützten Platz ausgesucht?« dachte ich und nahm an, sie sei so verrückt, daß sie nicht genug Verstand hatte, sich in einen Hauseingang zu kauern.

Ich fuhr mein glänzendes Auto an die Bordkante, kurbelte die Scheibe herunter und sagte: »Mutter ... würden Sie ...« und war schockiert über das Wort »Mutter«. Aber sie war ... ist ... es in einer Weise, die ich nicht erfassen kann.

Ich sagte noch einmal: »Mutter, ich habe Ihnen etwas zu essen gebracht. Möchten Sie etwas Truthahn und Füllung und Apfelkuchen?«

Hierbei sah die alte Frau mich an und sagte recht klar und deutlich, wobei ihre beiden losen unteren

Zähne wackelten, als sie sprach: »Oh, danke sehr, aber ich bin jetzt ziemlich satt. Warum bringen Sie es nicht zu jemandem, der es wirklich nötig hat?« Ihre Worte waren klar, ihr Benehmen huldvoll. Dann wurde ich entlassen: Ihr Kopf sank wieder in ihre Lumpen zurück.

Bobbie Probstein

Regeln für das Menschsein

1. Du wirst einen Körper erhalten. Du kannst ihn mögen oder hassen, aber er wird dieses Mal für die gesamte Dauer deiner sein.
2. Du wirst Lektionen lernen. Du bist in einer informellen Vollzeitschule aufgenommen, die Leben genannt wird. An jedem Tag in dieser Schule wirst du die Gelegenheit haben, Lektionen zu lernen. Du kannst die Lektionen mögen oder sie irrelevant und dumm finden.
3. Es gibt keine Fehler, nur Lektionen.
   Wachstum ist ein Prozeß aus Versuch und Irrtum: Experimentieren. Die »mißlungenen« Experimente sind genauso ein Teil des Prozesses wie das Experiment, das letztendlich »funktioniert«.
4. Eine Lektion wird wiederholt, bis sie gelernt

ist. Eine Lektion wird dir in verschiedenen Formen präsentiert, bis du sie gelernt hast. Wenn du sie gelernt hast, kannst du zur nächsten Lektion übergehen.

5. Lektionen lernen hört nie auf.
   Es gibt keinen Lebensabschnitt, der keine Lektion enthält. Wenn du lebendig bist, gibt es Lektionen zu lernen.
6. »Da« ist nicht besser als »Hier«.
   Wenn dein »Da« ein »Hier« geworden ist, bekommst du ein anderes »Da«, das wiederum besser aussieht als »Hier«.
7. Andere sind reine Spiegel deiner selbst.
   Du kannst nicht etwas an einer anderen Person lieben oder hassen, wenn es nicht etwas reflektiert, das du an dir selbst liebst oder haßt.
8. Was du aus deinem Leben machst, liegt an dir.
   Du hast alle Werkzeuge und Quellen, die du brauchst. Was du damit machst, liegt an dir. Du hast die Wahl.
9. Deine Antworten liegen in deinem Innern.
   Die Antworten auf die Fragen des Lebens liegen in deinem Innern. Alles, was du tun mußt, ist sehen, hören und vertrauen.
10. Du wirst dies alles vergessen.

Chérie Carter-Scott

3

ÜBER DIE ELTERNSCHAFT

Vielleicht der größte gesellschaftliche Dienst, der dem Land und der Menschheit erwiesen werden kann, ist, Kinder aufzuziehen.

George Bernard Shaw

Kinder lernen, was sie leben

Wenn Kinder mit Kritik leben,
lernen sie zu verurteilen.

Wenn Kinder mit Feindseligkeit leben,
lernen sie zu kämpfen.

Wenn Kinder mit Angst leben,
lernen sie, ängstlich zu sein.

Wenn Kinder mit Mitleid leben,
lernen sie, mit sich selbst Mitleid zu haben.

Wenn Kinder mit Spott leben,
lernen sie, scheu zu sein.

Wenn Kinder mit Eifersucht leben,
lernen sie, was Neid ist.

Wenn Kinder mit Scham leben,
lernen sie, sich schuldig zu fühlen.

Wenn Kinder mit Toleranz leben,
lernen sie, geduldig zu sein.

Wenn Kinder mit Ermutigung leben,
lernen sie, zuversichtlich zu sein.

Wenn Kinder mit Lob leben,
lernen sie anzuerkennen.

Wenn Kinder mit Bestätigung leben,
lernen sie, sich selbst zu mögen.

Wenn Kinder mit Bejahung leben,
lernen sie, Liebe in der Welt zu finden.

Wenn Kinder mit Anerkennung leben,
lernen sie, ein Ziel zu haben.

Wenn Kinder mit Teilen leben,
lernen sie, großzügig zu sein.

Wenn Kinder mit Ehrlichkeit und Fairneß
leben,
lernen sie, was Wahrheit und Gerechtigkeit
sind.

Wenn Kinder mit Sicherheit leben,
lernen sie, an sich zu glauben und an die,
die um sie sind.

Wenn Kinder mit Freundlichkeit leben,
lernen sie, daß die Welt ein schöner Ort zum
Leben ist.

Wenn Kinder mit Gelassenheit leben,
lernen sie, innerlich gelassen zu sein.

Womit leben deine Kinder?

Dorothy L. Nolte

Warum ich mir meinen Vater als Dad ausgesucht habe

Ich wuchs auf einer schönen, ausgedehnten Farm in Iowa auf, wo ich von Eltern großgezogen wurde, die oft als das »Salz der Erde und das Rückgrat der Gemeinschaft« beschrieben werden. Sie waren alles, was wir von guten Eltern kennen: liebend, engagiert in ihrer Aufgabe, ihre Kinder mit großen Erwartungen und einem positiven Bewußtsein für die Achtung ihrer selbst zu erziehen. Sie erwarteten von uns, morgens und abends Hausarbeit zu erledigen, rechtzeitig zur Schule zu gehen, anständige Noten zu bekommen und gute Leute zu sein.

Es sind sechs Kinder. *Sechs* Kinder! Es war nie meine Idee, daß es so viele von uns geben sollte, aber ich wurde nicht gefragt. Um es noch schlimmer zu machen, versetzte mich das Schicksal in das tiefste Land mitten in Amerika, in ein höchst rauhes und kaltes Klima. Wie alle Kinder dachte ich, daß dies ein universaler Fehler und ich in die falsche Familie geraten war – und ganz bestimmt in das falsche Land. Ich mochte nicht mit den Elementen fertig werden. Die Winter in Iowa sind so eiskalt, daß man mitten in der Nacht auf Rundgang gehen mußte, um nachzusehen, ob das Vieh nicht an eine Stelle geraten war, wo es erfrieren würde. Neugeborene Tiere mußten in die Scheune gebracht werden und manchmal gewärmt werden, um sie am Leben zu erhalten. Die Winter in Iowa sind *so* kalt!

Mein Dad, ein unglaublich gutaussehender, starker, charismatischer und energischer Mann, war immer in Bewegung. Meine Geschwister und ich hatten Ehrfurcht vor ihm. Wir ehrten ihn und hatten die größte Hochachtung vor ihm. Jetzt verstehe ich, warum. Es gab keine Widersprüchlichkeit in seinem Leben. Er war ein ehrbarer Mann mit hohen Grundsätzen. Landwirtschaft, sein gewählter Beruf, war seine Leidenschaft; er war der Beste. Er war zu Hause und zog Tiere auf und sorgte für sie. Er fühlte sich eins mit der Erde und war sehr stolz darauf, die Feldfrüchte zu pflanzen und zu ernten. Er weigerte sich, außerhalb der Saison zu jagen, obwohl Rehe, Fasanen, Wachteln und anderes Wild im Überfluß auf unserem Farmland umherzogen. Er weigerte sich, zusätzlich Dünger zu benutzen oder die Tiere mit etwas anderem als natürlichem Getreide zu füttern. Er lehrte uns, warum er das tat und warum wir uns dieselben Ideale zu eigen machen müßten. Heute kann ich sehen, wie gewissenhaft er war, weil dies in der Mitte der fünfziger Jahre war, bevor es einen Versuch gab, sich universal in der weltweiten Bewahrung der Umwelt zu engagieren.

Dad war auch ein sehr ungeduldiger Mann, außer mitten in der Nacht, wenn er auf seinen spätnächtlichen Rundgängen nach seinen Tieren sah. Die Beziehung, die wir in dieser gemeinsamen Zeit entwickelten, war einfach unvergeßlich. Sie veränderte mein Leben auf bezwingende Weise. Ich lernte soviel *über* ihn. Ich höre oft Männer und Frauen sagen, sie verbrächten so wenig Zeit mit ihren Vätern. In der Tat besteht das Wesen der heutigen Männergruppen darin, nach einem Vater zu suchen, den sie nie wirklich gekannt haben. Ich habe meinen gekannt.

Zu der Zeit glaubte ich, im geheimen sein Lieblingskind zu sein, obwohl es durchaus möglich ist, daß jedes von uns sechs Kindern das glaubte. Nun hatte dies eine gute und eine schlechte Seite. Die schlechte war, daß ich von Dad ausgewählt wurde, mit ihm um Mitternacht und am frühen Morgen auf die Scheunenrundgänge zu gehen, und ich verabscheute es sehr, aufzustehen und ein warmes Bett zu verlassen, um hinaus an die frostige Luft zu gehen. Aber mein Dad war während dieser Zeiten in Hochform und höchst liebenswert. Er war am verständnisvollsten, geduldigsten, zärtlichsten und ein guter Zuhörer. Seine Stimme war zärtlich, und sein Lächeln ließ mich meiner Mutter Leidenschaft für ihn verstehen.

Während dieser Zeiten war er ein vorbildlicher Lehrer – immer auf das Warum konzentriert, die Gründe für eine Handlung. Er sprach pausenlos während der Stunde oder eineinhalb Stunden, die es brauchte, die Rundgänge zu machen. Er sprach über seine Kriegserfahrungen, das Warum des Krieges, in dem er gedient hatte, und über die Region, ihre Menschen, die Folgen des Krieges und seine Nachwirkungen. Wieder und wieder erzählte er seine Geschichte. In der Schule fand ich Geschichte um so aufregender und vertrauter.

Er sprach darüber, welchen Nutzen er aus seinen Reisen gezogen hatte und warum es so wichtig war, die Welt zu sehen. Er regte das Bedürfnis und die Liebe zum Reisen in mir an. Ich hatte bereits in ungefähr dreißig Ländern gearbeitet oder sie bereist, als ich dreißig Jahre alt war.

Er sprach über das Bedürfnis und die Liebe zum Lernen und warum eine formale Ausbildung wichtig ist, und er sprach über den Unterschied zwischen Intelligenz und Weisheit. Er wünschte sich so sehr für mich, daß ich über meinen High-School-Abschluß hinausging. »Du kannst es«, sagte er wieder und wieder. »Du bist eine Burres. Du bist intelligent, du hast einen guten Verstand, und denk daran, du bist eine Burres.« Es war keinesfalls möglich, ihn zu enttäuschen. Ich hatte mehr als genug Zutrauen, um mich an jedem Studiengang zu versuchen. Schließlich promovierte ich und erwarb später einen zweiten Doktortitel. Obwohl der erste Doktortitel für Dad war und der zweite für mich, gab es sicherlich ein Bewußtsein von Neugier und Suche, das es leichtmachte, beide zu erlangen.

Er sprach über Maßstäbe und Werte, die Entwicklung des Charakters und was dies im Verlauf des Lebens bedeutete. Ich schreibe und lehre über ein ähnliches Thema. Er sprach darüber, wie man Entscheidungen trifft und bewertet, wenn man eine Sache abschließt, ehe der Schaden noch größer wird, und wenn man ausharrt, auch im Angesicht der Not. Er sprach über den Begriff von *Sein und Werden* und nicht nur *Haben und Bekommen*. Ich benutze diesen Ausdruck immer noch. »Verliere niemals dein Herz«, sagte er. Er sprach über gefühlsmäßige Instinkte, wie man sie von emotionalen Reinfällen unterscheidet und wie man es vermeidet, von anderen hereingelegt zu werden. Er sagte: »Höre immer auf deine Instinkte, und sei dir bewußt, daß all die Antworten, die du jemals brauchst, in deinem Innern sind. Nimm dir in Ruhe Zeit für dich allein. Sei still genug, um die Antworten immer zu finden, und höre dann darauf. Finde etwas, daß du gern tust, dann lebe ein Leben, das dies zeigt. Deine Ziele sollten von deinen Werten stammen, und dann wird deine Arbeit deinen Herzenswunsch ausstrahlen. Dies wird dich von allen dummen Zerstreuungen ablenken, die nur dazu dienen, deine Zeit zu verschwenden – in deinem Leben geht es um Zeit – wieviel du hervorbringen kannst in soundso vielen Jahren, die dir gegeben sind. Sorge für Menschen«, sagte er. »Und respektiere stets Mutter Erde. Wo immer du lebst, sorge dafür, daß du immer die Bäume, den Himmel und das Land siehst.«

Mein Vater. Wenn ich zurückblicke, wie er seine Kinder liebte und wertschätzte, tun mir die Jugendlichen leid, die ihre Väter nie auf diese Weise kennenlernen oder nie die Kraft des Charakters, der Moral, des Antriebs und der Sensibilität, alles in einem einzelnen Menschen, erleben – wie ich es bei meinem Vater erlebte. Mein Dad tat, was er sagte. Und ich wußte immer, daß er mich ernst nahm. Ich wußte, er fand mich wertvoll, und er wollte, daß ich diesen Wert sehe.

Dads Botschaft ergab für mich einen Sinn, weil ich in der Art, wie er sein Leben lebte, nie einen Konflikt sah. Er hatte über sein Leben nachgedacht, und er lebte es täglich. Er kaufte und bezahlte im Laufe der Zeit etliche Farmen (er ist heute noch so aktiv wie damals). Er hatte geheiratet, und er liebte dieselbe Frau zeit seines Lebens. Meine Mutter und er, inzwischen seit fast fünfzig Jahren verheiratet, sind noch immer unzertrennliche Verliebte. Sie sind die größten Liebenden, die ich kenne. Und er liebte seine Familie so sehr. Ich dachte, er wäre übermäßig besitzergreifend und besorgt, aber jetzt, da ich Mutter bin, kann ich diese Bedürfnisse verstehen und sie so sehen, wie sie sind. Obwohl er dachte, er könne uns vor den Masern bewahren und es fast auch tat, weigerte er sich vehement, uns an zerstörerischen Untugenden zu verlieren. Ich sehe auch, wie entschieden er darauf bestand, daß aus uns sorgende und verantwortliche Erwachsene wurden.

Bis zu diesem Tag leben fünf seiner Kinder innerhalb weniger Meilen von ihm entfernt, und sie haben eine Version seiner Lebensweise gewählt.

Sie sind hingebungsvolle Ehepartner und Eltern, und Landwirtschaft ist ihr gewählter Beruf. Sie sind zweifellos das Rückgrat ihrer Gemeinschaft. Es ist etwas Seltsames darin, und ich habe den Verdacht, es liegt daran, daß er mich auf die mitternächtlichen Runden mitnahm. Ich nahm eine andere Richtung als die anderen fünf Kinder. Ich begann eine Karriere als Lehrerin, Beraterin und Universitätsprofessorin und habe schließlich mehrere Bücher für Eltern und Kinder geschrieben, um mitzuteilen, was ich über die Wichtigkeit gelernt hatte, in den Jahren der Kindheit Selbstachtung zu entwickeln. Meine Botschaften an meine Tochter sind, in etwas geänderter Form, die Werte, die ich von meinem Vater gelernt hatte, natürlich durch meine Lebenserfahrungen gemäßigt. Sie werden fortwährend weitergegeben.

Ich sollte Ihnen etwas über meine Tochter erzählen. Sie ist ein Wildfang, eine schöne, 1,80 Meter große Athletin, die jedes Jahr in drei Sportarten Schulabzeichen bekommt, sich über den Unterschied zwischen einer A- und B-Note Sorgen macht und gerade beim Miss-Teen-California-Wettbewerb als Endrundenteilnehmerin genannt wurde. Aber es sind nicht ihre äußeren Begabungen und Leistungen, die mich an meine Eltern erinnern. Die Leute erzählen mir immer, daß meine

Tochter große Freundlichkeit besitzt, Spiritualität und ein besonderes Feuer tief im Innern, das nach außen strahlt. Dieses Wesen meiner Eltern ist in ihrer Enkeltochter personifiziert.

Der Lohn für die Achtung ihrer Kinder und dafür, hingebungsvolle Eltern zu sein, hatte auch eine höchst bereichernde Wirkung auf das Leben meiner Eltern. Da ich dies schreibe, befindet sich mein Vater in der Mayo-Klinik in Rochester, Minnesota, zu einer Reihe von Untersuchungen, die planmäßig sechs oder acht Tage dauern. Es ist Dezember. Wegen des strengen Winters hat er als ambulanter Patient in der Nähe der Klinik ein Hotelzimmer genommen. Wegen häuslicher Verpflichtungen konnte meine Mutter nur in den ersten Tagen bei ihm bleiben. So waren sie am Weihnachtsabend getrennt.

In dieser Nacht rief ich zuerst meinen Vater in Rochester an, um schöne Weihnachten zu wünschen. Er klang niedergeschlagen und bedrückt. Dann rief ich meine Mutter in Iowa an. Sie war traurig und verdrießlich. »Dies ist das erste Mal, daß dein Vater und ich die Ferien getrennt verbringen«, klagte sie. »Es ist kein Weihnachten ohne ihn.«

Ich erwartete die Ankunft von 14 Gästen zum Abendessen, alle für einen festlichen Abend bereit. Ich kehrte in die Küche zurück, aber da ich nicht in der Lage war, das Dilemma meiner Eltern ganz aus meinem Kopf zu vertreiben, rief ich meine ältere Schwester an. Sie rief meine Brüder an. Wir besprachen uns am Telefon. Es wurde entschieden. Entschlossen, daß unsere Eltern am Weihnachtsabend nicht ohneeinander sein sollten, würde mein jüngerer Bruder die zwei Stunden nach Rochester fahren, um meinen Vater abzuholen und ihn nach Hause zu bringen, ohne meiner Mutter etwas zu sagen. Ich rief meinen Vater an, um ihm von den Plänen zu erzählen. «Oh nein«, sagte er, »es ist viel zu gefährlich, in einer Nacht wie dieser herüberzukommen.« Mein Bruder kam in Rochester an und klopfte an die Zimmertür meines Vaters. Er rief mich vom Zimmer meines Vaters aus an, um mir zu sagen, daß er nicht mitgehen wolle. »Du mußt es ihm sagen, Bobbie. Du bist die einzige, auf die er hört.« »Geh, Dad«, sagte ich sanft.

Er ging. Tim und Dad fuhren nach Iowa ab. Wir Kinder verfolgten die Spur ihres Vorwärtskommens, die Fahrt und das Wetter, indem wir über das Autotelefon meines Bruders mit ihnen sprachen. Inzwischen waren alle meine Gäste angekommen, und alle waren Teil dieser Tortur. Wann immer das Telefon klingelte, stellten wir den Lautsprecher an, so daß wir das Neueste hören konnten! Es war kurz nach neun, als das Telefon klingelte, und es war Dad am Autotelefon: »Bobbie, wie kann ich ohne Geschenk für deine Mutter nach Hause kommen? Es wäre das erste Mal seit fast fünfzig Jahren, daß ich ihr nicht ihr Parfüm zu Weihnachten mitbringe!« Inzwischen war meine gesamte Abendgesellschaft dabei, diesen Plan auszuarbeiten. Wir riefen meine Schwester an, um an die Namen von geöffneten Einkaufszentren in der Nähe zu kommen, so daß sie anhalten könnten, um das einzige zu kaufen, was mein Dad als Geschenk für Mom in Betracht ziehen würde – dieselbe Parfümmarke, die er ihr jedes Jahr zu Weihnachten geschenkt hatte.

Um 9.52 Uhr an diesem Abend verließen mein Bruder und mein Dad eine kleine Einkaufspassage in Minnesota, um nach Hause zu fahren. Um 11.50 Uhr fuhren sie auf das Gehöft. Mein Vater, der sich wie ein kichernder Schuljunge benahm, trat um die Ecke des Hauses herum und blieb außer Sicht.

»Mom, ich habe heute Dad besucht, und er sagte, ich sollte dir seine Wäsche bringen«, sagte mein Bruder, als er meine Mutter die Koffer übergab.

»Oh«, sagte sie weich und traurig, »ich vermisse ihn so sehr, daß ich sie genausogut jetzt machen kann.«

Da sagte mein Vater aus seinem Versteck hervortretend: »Du wirst keine Zeit haben, sie heute abend zu machen.«

Nachdem mein Bruder mich angerufen hatte, um mir von der rührenden Szene zwischen meinen Eltern zu erzählen – diese beiden Freunde und Liebenden – rief ich meine Mutter an. »Schöne Weihnachten, Mutter!«

»Ach, Kinder ...«, sagte sie mit brüchiger Stimme, Tränen unterdrückend. Sie konnte nicht weitersprechen. Meine Gäste jubelten.

Obwohl ich zweitausend Meilen von ihnen entfernt war, war es eines der ganz besonderen Weihnachten, die ich mit meinen Eltern geteilt habe. Und natürlich sind meine Eltern bis heute nicht am Weihnachtsabend getrennt gewesen. Das ist die Stärke von Kindern, die ihre Eltern lieben und ehren, und natürlich der engagierten und wunderbaren Ehe, die meine Eltern teilen.

»Gute Eltern«, sagte Jonas Salk einmal zu mir, »geben ihren Kindern Wurzeln und Flügel. Wurzeln, damit sie wissen, wo ihr Zuhause ist; Flügel, um davonzufliegen und zu üben, was sie gelehrt wurden.« Wenn es die Hinterlassenschaft von Eltern ist, die Fertigkeiten zu erlangen, sein Leben entschlossen zu führen, und ein sicheres Nest zu haben, in dem man willkommen ist, dann glaube ich, meine Eltern gut gewählt zu haben. Es war dieses vergangene Weihnachten, an dem ich ganz verstand, warum es nötig war, daß diese beiden Leute meine Eltern wurden. Obwohl die Flügel mich um die Welt getragen haben, um mich schließlich im lieblichen Kalifornien niederzulassen, werden die Wurzeln, die meine Eltern mir gaben, für immer eine unauslöschbare Grundlage sein.

Bettie B. Youngs

Die Schule der Tiere

Einmal hatten die Tiere entschieden, sie müßten etwas Heroisches tun, um den Problemen »einer neuen Welt« zu begegnen. Also organisierten sie eine Schule.

Sie wählten einen Lehrplan der Aktivitäten, die in Laufen, Klettern, Schwimmen und Fliegen bestand. Um es einfacher zu machen, den Lehrplan zu verwalten, wählten alle Tiere jedes Fach.

Die Ente war ausgezeichnet im Schwimmen, tatsächlich sogar besser als ihr Lehrer, aber sie konnte beim Fliegen nur gerade eben bestehen und war sehr schlecht im Laufen. Da sie beim Laufen langsam war, mußte sie Nachhilfestunden nehmen und auch Schwimmen ausfallen lassen, um Laufen zu üben. Dies wurde beibehalten, bis ihre Schwimmfüße arg mitgenommen waren und sie im Schwimmen nur noch durchschnittlich war. Aber Durchschnitt war akzeptabel in der Schule, also machte sich niemand darüber Sorgen, außer der Ente.

Das Kaninchen begann als Klassenbester im Laufen, hatte aber einen Nervenzusammenbruch wegen der vielen Arbeit, um im Schwimmen aufzuholen.

Das Eichhörnchen war ausgezeichnet im Klettern, bis es in der Flugklasse frustriert wurde, wo sein Lehrer es vom Boden aufwärts starten ließ anstatt vom Baumwipfel abwärts. Es entwickelte auch einen Muskelkater von der Überanstrengung und bekam dann ein C im Klettern und ein D im Laufen.

Der Adler war ein Problemkind und wurde streng bestraft. In der Kletterklasse schlug er alle anderen bis zum Wipfel des Baumes, bestand aber darauf, auf seine eigene Art dorthin zu kommen.

Am Ende des Jahres hatte ein abnormaler Aal, der extrem gut schwimmen konnte und auch ein wenig laufen, klettern und fliegen, den höchsten Durchschnitt und hielt die Abschiedsansprache.

Die Präriehunde blieben außerhalb der Schule und kämpften gegen die Steuererhebung, weil die Verwaltung Graben und Gängebohren nicht in den Lehrplan aufnehmen wollte. Sie ließen ihre Kinder bei einem Dachs ausbilden und vereinigten sich später mit den Murmeltieren und Zieseln, um eine erfolgreiche Privatschule zu gründen.

Hat diese Geschichte eine Moral?

George H. Reavis

Berührt

Sie ist meine Tochter und in die Aufgewühltheit ihres 16. Lebensjahres versunken. In der Folge einer kürzlich überstandenen Krankheit erfuhr sie, daß ihre beste Freundin bald wegziehen würde. In der Schule lief es weder so gut, wie sie gehofft hatte, noch, wie ihre Mutter und ich gehofft hatten. Sie strahlte Traurigkeit aus durch eine Schicht von Decken, als sie sich im Bett zusammenkauerte, auf der Suche nach Trost. Ich wollte sie trösten und all den Kummer, der sich in ihrem jungen Geist eingenistet hatte, von ihr fortreißen. Doch während ich mir bewußt war, wie sehr ich um sie besorgt war, und ihr die Traurigkeit nehmen wollte, wußte ich um die Wichtigkeit, mit Vorsicht vorzugehen.

Als Familientherapeut war ich gut über unangemessene Äußerungen von Intimität zwischen Vätern und Töchtern unterrichtet, hauptsächlich durch Klienten, deren Leben durch sexuellen Mißbrauch auseinandergerissen wurden. Mir ist auch bewußt, wie leicht Sorge und Nähe sexualisiert werden können, besonders durch Männer, für die der emotionale Bereich ein fremdes Land ist und die jede Äußerung der Zuneigung mit einer sexuellen Aufforderung verwechseln. Wieviel leichter war es, sie zu halten und zu trösten, als sie zwei oder drei oder sogar sieben war. Aber jetzt hatten ihr Körper, unsere Gesellschaft und meine Männlichkeit sich gegen die Tröstung meiner Tochter verschworen. Wie konnte ich sie trösten, während ich immer noch die notwendigen Grenzen zwischen einem Vater und einer Tochter im Teenageralter respektierte? Ich entschied mich, ihr eine Rückenmassage anzubieten. Sie willigte ein.

Ich massierte sanft ihren knochigen Rücken und die verspannten Schultern, als ich mich für meine Abwesenheit entschuldigte. Ich erklärte, daß ich gerade von den internationalen Rückenmassage-Endausscheidungen zurückgekehrt sei, wo ich Vierter geworden war. Ich versicherte ihr, daß es schwer sei, einen besorgten Vater bei der Rückenmassage zu schlagen, besonders wenn er ein Weltklasse-Rückenmasseur und obendrein ein besorgter Vater ist. Ich erzählte ihr von dem Wettkampf und den anderen Teilnehmern, während ich mit den Händen und Fingern versuchte, verkrampfte Muskeln zu lockern und die Spannungen in ihrem jungen Leben zu lösen.

Ich erzählte ihr von dem eingeschrumpften, altertümlichen Asiaten, der Dritter im Wettkampf wurde. Nachdem er sein ganzes Leben lang Akupunktur und Akupressur studiert hatte, konnte er all seine Energie in den Fingern konzentrieren und die Rückenmassage zur Kunst erheben. »Er stieß und stupste mit flinken Fingern«, erklärte ich, indem ich meiner Tochter ein Beispiel von dem zeigte, was ich von dem alten Mann gelernt hatte. Sie ächzte, wobei ich nicht sicher war, ob als Antwort auf meinen Stabreim oder meine Berührung. Dann erzählte ich ihr von der Frau, die Zweite wurde. Sie kam aus der Türkei und hatte seit ihrer Kindheit die Kunst des Bauchtanzes geübt, so konnte sie in Muskeln Erschütterungen und Wellen in fließender Bewegung auslösen. Mit ihrer Rückenmassage erweckte sie in müden Muskeln und ermatteten Körpern einen Drang, zu vibrieren und zu beben und zu tanzen. »Sie ließ ihre Finger wandern, und die Muskeln trotteten mit«, sagte ich, indem ich es zeigte.

»Das ist seltsam«, kam es gedämpft von einem in einem Kissen vergrabenen Gesicht. War es mein Einzeiler oder meine Berührung?

Dann massierte ich nur noch den Rücken meiner Tochter, und wir verfielen in Schweigen. Nach einer Weile fragte sie: »Wer ist denn Erster geworden?«

»Du wirst es nicht glauben!« sagte ich. »Es war das Baby!« Und ich erklärte, wie die weichen, vertrauensvollen Berührungen eines Kindes, das eine Welt der Haut, der Gerüche und des Geschmacks entdeckt, mit keiner Berührung der Welt zu vergleichen sind. Weicher als weich. Unvorhersehbar, zärtlich, suchend. Kleine Hände, die mehr sagen, als Worte je ausdrücken könnten. Über Zusammengehörigkeit. Über Vertrauen. Über unschuldige Liebe. Und dann berührte ich sie zart und weich, wie ich es von dem Kind gelernt hatte. Ich erinnerte mich lebhaft an ihre eigene Kindheit – sie haltend, wiegend, beobachtend, wie sie in ihre Welt hineintastete – und wuchs. Mir wurde klar, daß sie eigentlich das Kind war, das mich die Berührung des Kindes gelehrt hatte.

Nachdem die zärtliche Rückenmassage und das Schweigen noch eine Weile fortgedauert hatten, sagte ich, daß ich froh sei, so viel von den weltbesten Rückenmasseuren gelernt zu haben. Ich erklärte, wie ich sogar ein noch besserer Rückenmasseur für eine 16 Jahre alte Tochter geworden war, die sich schmerzhaft in die Form einer Erwachsenen streckte. Ich entbot ein stummes Dankgebet, daß ein solches Leben in meine Hände gelegt wurde und daß ich mit dem Wunder gesegnet war, auch nur einen Teil dessen zu berühren.

Victor Nelson

Ich liebe dich, Sohn

Gedanken, während ich meinen Sohn zur Schule fahre: Guten Morgen, Junge. Du siehst toll aus in deinen Pfadfindersachen, nicht so dick wie dein alter Herr, als er bei den Cub Scouts war. Ich glaube nicht, daß mein Haar jemals so lang war, bevor ich aufs College ging, aber ich glaube, ich würde dich immer wiedererkennen, so wie du bist: ein bißchen zottelig um die Ohren, abgewetzt um die Zehen, faltig in den Knien …

Wir gewöhnen uns aneinander …

Jetzt, wo du acht bist, bemerke ich, daß ich nicht mehr soviel von dir sehe. Am Kolumbus-Tag gingst du um neun Uhr morgens. Ich sah dich für 42 Sekunden zum Mittag, und du erschienst wieder zum Abendessen um fünf. Ich vermisse dich, aber ich weiß, daß du wichtige Geschäfte zu erledigen hast. Sicherlich genauso wichtig, wenn nicht noch wichtiger als das, was die anderen Pendler auf der Straße tun.

Du mußt aufwachsen und herauswachsen, und das ist wichtiger, als Gutscheine ausschneiden, Börsenoptionen arrangieren oder Menschen unterschätzen. Du mußt lernen, wozu du fähig bist und wozu nicht – und du mußt lernen, damit umzugehen. Du mußt etwas über Menschen lernen, und wie sie sich verhalten, wenn sie sich mit sich selbst nicht wohl fühlen – wie die Rüpel, die am Fahrradständer herumhängen und die kleineren Kinder ärgern. Ja, du mußt sogar lernen, so zu tun, als ob Beschimpfungen nicht weh tun. Sie werden immer weh tun, aber du mußt eine Fassade zur Schau stellen, oder sie werden dich das nächste Mal noch schlimmer beschimpfen. Ich hoffe nur, du wirst dich daran erinnern, wie es ist – falls du einmal vorhast, ein Kind, das kleiner ist als du, zu verletzen.

Wann habe ich das letzte Mal zu dir gesagt, ich sei stolz auf dich? Ich schätze, wenn ich mich nicht daran erinnern kann, habe ich viel zu tun. Ich erinnere mich an das letzte Mal, daß ich dich angebrüllt habe – dir sagte, wir würden uns verspäten, wenn du dich nicht beeiltest –, aber unterm Strich, wie Nixon zu sagen pflegte, habe ich dir nicht so viel Klapse wie Gebrüll gegeben. Der Ordnung halber, falls du dies liest, ich bin stolz auf dich. Ich mag besonders deine Unabhängigkeit, auch wenn es mich ein bißchen erschreckt. Du bist nie groß im Jammern gewesen, und das macht dich in meinem Buch zu einem großartigen Jungen.

Woran liegt es, daß Väter so schwer begreifen, daß Achtjährige genauso viele Umarmungen brauchen wie Vierjährige. Wenn ich nicht aufpasse, werde ich dich bald auf den Arm schlagen und sagen: »Was sagste, Junge?!«, anstatt dich in den Arm zu nehmen und dir zu sagen, daß ich dich liebe. Das Leben ist zu kurz, um Zuneigung zu verbergen. Woran liegt es, daß Achtjährige so schwer begreifen, daß 36jährige genauso viele Umarmungen brauchen wie Vierjährige?

Habe ich vergessen, dir zu erzählen, daß ich stolz auf dich war, als du nach einer Woche des unverdaulichen warmen Mittagessens wieder zur Butterbrotdose zurückgekehrt warst? Ich bin froh, daß du deinen Körper wertschätzt.

Ich wünschte, die Fahrt wäre nicht so kurz … Ich möchte von gestern abend sprechen … als dein kleiner Bruder schlief und wir dich aufbleiben ließen, um das Spiel der Yankees anzusehen. Diese Zeiten sind so etwas Besonderes. Es gibt keine Möglichkeit, sie zu planen. Jedesmal, wenn wir versuchen, etwas miteinander zu planen, ist es nicht so gut oder reich oder warm. Für ein paar allzu kurze Minuten war es, als ob du schon erwachsen wärst, und wir saßen und sprachen ohne Worte über »Wie geht es in der Schule, Sohn?«. Ich hatte bereits deine Matheaufgaben nachgesehen auf die einzige Art, die mir möglich war – mit dem Taschenrechner. Du kannst mit Zahlen besser umgehen, als ich es je können werde. Also sprachen wir über das Spiel, und du wußtest mehr über die Spieler als ich, und ich lernte von dir. Und wir haben uns beide gefreut, als die Yankees gewannen.

Na, da ist der Schülerlotse. Er wird uns wahrscheinlich alle überleben. Ich wünschte, du müßtest heute nicht in die Schule gehen. Es gibt so vieles, was ich sagen möchte.

Du steigst so schnell aus dem Auto aus. Ich möchte den Augenblick auskosten, und du hast schon ein paar deiner Freunde gesehen. Ich wollte nur sagen: »Ich liebe dich, Sohn …«

Victor B. Miller

Was du bist, ist so wichtig wie das, was du tust

Wer du bist, spricht so laut, daß ich nicht hören kann, was du sagst.

Ralph Waldo Emerson

Es war ein sonniger Samstagnachmittag in Oklahoma City. Mein Freund und stolzer Vater Bobby Lewis ging mit seinen beiden kleinen Jungen zum Minigolfspielen. Er ging auf den Mann an der Kasse zu und sagte: »Wie teuer ist der Eintritt?«

Der junge Mann antwortete: »Drei Dollar für Sie und drei Dollar für Kinder über sechs. Wir lassen sie umsonst hinein, wenn sie sechs oder jünger sind. Wie alt sind sie?«

Bobby antwortete: »Der Anwalt ist drei, und der Arzt ist sieben, also schätze ich, Sie kriegen sechs Dollar.«

Der Mann an der Kasse sagte: »He, Mister, haben Sie gerade im Lotto gewonnen oder so? Sie hätten drei Dollar sparen können. Sie hätten mir sagen können, daß der Ältere sechs ist; ich hätte keinen Unterschied bemerkt.«

Bobby antwortete: »Ja, das mag stimmen, aber die Kinder hätten den Unterschied bemerkt.«

Wie Ralph Waldo Emerson sagte: »Wer du bist, spricht so laut, daß ich nicht hören kann, was du sagst.« In Zeiten der Herausforderung, wenn Moral wichtiger ist denn je, versichere dich, daß du ein gutes Beispiel für jeden gibst, mit dem du arbeitest und lebst.

Patricia Fripp

Die perfekte amerikanische Familie

Es ist 10.30 Uhr an einem perfekten Samstagmorgen, und wir sind, vorläufig, die perfekte amerikanische Familie. Meine Frau hat unseren Sechsjährigen zu seiner ersten Klavierstunde gebracht. Unser 14jähriger ist noch nicht aus dem Schlummer erwacht. Der Vierjährige beobachtet winzige anthropomorphe Geschöpfe, die einander im anderen Zimmer von Klippen hinunterstürzen. Ich sitze am Küchentisch und lese die Zeitung.

Aaron Malachi, der Vierjährige, offensichtlich gelangweilt vom Zeichentrickgemetzel und der beträchtlichen persönlichen Macht, die ihm das Halten der Fernbedienung verschafft, betritt meinen Raum.

»Ich hab Hunger«, sagt er.

»Willst du Cornflakes?«

»Nein.«

»Willst du Joghurt?«

»Nein.«

»Willst du Eier?«

»Nein. Kann ich Eis haben?«

»Nein.«

Soviel ich weiß, könnte Eis viel nahrhafter sein als weiterverarbeitete Cornflakes oder antibiotikabelastete Eier, aber meinen kulturellen Werten zufolge ist es falsch, um 10.45 Uhr an einem Samstagmorgen Eis zu essen. Stille. Ungefähr vier Sekunden. »Daddy, wir haben noch viel Leben übrig, nicht?«

»Ja, wir haben noch viel Leben übrig, Aaron.«

»Ich und du und Mommy?«

»Das stimmt.«

»Und Isaac?«

»Ja.«

»Und Ben?«

»Ja. Du und ich und Mommy und Isaac und Ben.«

»Wir haben noch ganz viel Leben übrig. Bis alle Leute sterben.«

»Wie meinst du das?«

»Bis all die Leute sterben und die Dinosaurier wiederkommen.« Aaron setzt sich auf den Tisch, mit gekreuzten Beinen wie ein Buddha mitten auf meine Zeitung.

»Was meinst du damit, Aaron, ›bis alle Leute sterben‹?«

»Du hast gesagt, jeder stirbt. Wenn jeder stirbt, dann kommen die Dinosaurier wieder. Die Höhlenmenschen lebten in Höhlen, Dinosaurierhöhlen. Dann kamen die Dinosaurier und zermanschten sie.«

Mir wird bewußt, daß schon für Aaron das Leben ein begrenztes Geschäft ist, eine Ressource mit Anfang und Ende. Er stellt sich uns und sich selbst irgendwo auf dieser Bahn vor, einer Bahn, die in Unsicherheit und Verlust endet.

Ich stehe einer moralischen Entscheidung gegenüber. Was sollte ich jetzt tun? Sollte ich versuchen, ihm Gott zu geben, Erlösung, Ewigkeit? Sollte ich ihm irgendein Blabla hinwerfen wie: »Dein Körper ist nur eine Hülle, und wenn du tot bist, werden wir alle im Geiste für immer zusammensein?«

Oder sollte ich ihn in seiner Unsicherheit und Ängstlichkeit lassen, weil ich glaube, daß sie wirklich sind? Sollte ich versuchen, aus ihm einen ängstlichen Existentialisten zu machen, oder sollte ich versuchen, ihm ein besseres Gefühl zu geben?

Ich weiß es nicht. Ich starre in meine Zeitung.

Die Celtics verlieren an Freitagabenden ständig. Larry Bird ist jemandem böse, aber ich kann nicht sehen, wem, weil Aarons Fuß im Weg ist. Ich weiß nicht, aber meine neurotische, süchtige Mittelklasse-Empfindlichkeit sagt mir, daß dies ein sehr wichtiger Augenblick ist, ein Augenblick, in dem Aarons Art und Weise, sich seine Welt aufzubauen, geformt wird. Oder vielleicht läßt mich meine neurotische, süchtige Mittelklasse-Empfindlichkeit das bloß denken. Wenn Leben und Tod Illusionen sind, warum sollte ich damit spielen, wie jemand anderer sie versteht?

Am Tisch spielt Aaron mit einem »Soldaten«, er hebt seine Arme und stellt ihn auf seine wackeligen Beine. Es war Kevin McHale, auf den Larry Bird böse war. Nein, nicht Kevin McHale, es war Jerry Sichting. Aber Jerry Sichting ist nicht mehr bei den Celtics. Was ist bloß mit Jerry Sichting passiert? Alles stirbt, alles hat ein Ende. Jerry Sichting spielt für Sacramento oder Orlando oder ist verschwunden.

Ich sollte nicht damit spielen, wie Aaron Leben und Tod versteht, weil ich möchte, daß er eine feste Vorstellung von Struktur hat, ein Bewußtsein von der Dauerhaftigkeit der Dinge. Es ist offensichtlich, was für eine gute Arbeit die Nonnen und Priester an mir geleistet haben. Es war Qual oder

Segen. Himmel und Hölle wurden nicht durch Ferngottesdienste miteinander verbunden. Man war im Team Gottes, oder man saß in der Tinte, und die Tinte war dunkel. Ich möchte nicht, daß Aaron im dunkeln tappt, sondern einen starken Rahmen hat. Die neurotische, aber unvermeidbare Ängstlichkeit mag später kommen.

Ist das möglich? Ist es möglich, ein Bewußtsein dafür zu haben, daß Gott, Geist, Karma, Jehovah oder irgend etwas – transzendent ist, ohne das Vorhandensein einer Person zu traumatisieren, ohne es ihr einzuhämmern? Können wir unseren Kuchen essen und ihn behalten, um es ontologisch auszudrücken? Oder wird unsere zerbrechliche Empfindsamkeit, unser »Da-Sein«, durch einen solchen Akt zerbrochen?

Da ich eine leicht zunehmende Aufregung auf dem Tisch wahrnehme, weiß ich, daß Aaron es mit seinem Soldaten langweilig wird. Mit einer dramatischen Attitüde, die dem Augenblick zugute kommt, räuspere ich meine Kehle frei und beginne mit einem professionellen Ton: »Aaron, der Tod ist etwas, wovon manche Menschen glauben …«

»Dad«, unterbricht Aaron, »können wir ein Videospiel spielen? Es ist kein Tötungsspiel. Die Typen plumpsen bloß runter.«

»Ja«, sage ich mit einiger Erleichterung, »laß uns Videospiele spielen. Aber zuerst müssen wir etwas anderes tun.«

»Was?« Aaron hält im Laufen inne und dreht sich um.

»Laß uns zuerst Eis essen.«

Noch ein perfekter Samstagmorgen für eine perfekte amerikanische Familie. Vorläufig.

Michael Murphy

Sag es!

Wenn du bald sterben müßtest und nur noch einen Telefonanruf machen könntest, wen würdest du anrufen, und was würdest du sagen? Und worauf wartest du?

Stephen Levine

Eines Abends, nachdem ich eines der Hunderten von Büchern über Elternschaft gelesen hatte, fühlte ich mich ein wenig schuldig, weil in dem Buch einige Erziehungsstrategien beschrieben wurden, die ich eine Zeitlang nicht angewendet hatte. Die Hauptstrategie war, mit seinem Kind zu reden und diese drei magischen Worte zu benutzen: »Ich liebe dich.« Es wurde immer wieder betont, daß Kinder wissen müssen, daß man sie bedingungslos und eindeutig, daß man sie *wirklich* liebt.

Ich ging nach oben zu dem Zimmer meines Sohnes und klopfte an die Tür. Als ich klopfte, war alles, was ich hörte, sein Schlagzeug. Also öffnete ich die Tür, und natürlich saß er da mit seinem Kopfhörer auf den Ohren, hörte eine Kassette und spielte sein Schlagzeug. Nachdem ich mich vorgebeugt hatte, sprach ich ihn an: »Tim, hast du eine Sekunde Zeit?«

Er sagte: »Ja klar, ich habe immer eine Sekunde Zeit.« Wir setzten uns, und nach 15 Minuten und einiger Konversation und einigem Stottern sah ich ihn an und sagte: »Tim, ich mag wirklich, wie du das Schlagzeug spielst.«

Er sagte: »Oh, danke, Dad, ich weiß es zu schätzen.«

Ich ging aus der Tür und sagte: »Bis später!«

Als ich hinunterging, dämmerte es mir, daß ich mit einer bestimmten Botschaft dort hinaufgegangen war und sie nicht überbracht hatte. Ich fühlte, daß es wirklich wichtig war, nach oben zurückzugehen und einen neuen Anlauf zu nehmen, diese drei magischen Worte zu sagen.

Wieder stieg ich die Stufen hinauf, klopfte an die Tür und öffnete sie: »Eine Sekunde, Tim?«

»Klar, Dad. Ich habe immer eine Sekunde Zeit. Was fehlt dir?«

»Sohn, das erste Mal, als ich hier heraufkam, um dir eine Botschaft mitzuteilen, kam etwas anderes heraus. Es war nicht wirklich das, was ich dir mitteilen wollte. Tim, erinnerst du dich, als du Autofahren gelernt hast, hat mir das viele Probleme bereitet. Ich schrieb drei Worte auf einen Zettel und steckte ihn unter dein Kopfkissen in der Hoffnung, daß es nützen würde. Ich habe meinen Beitrag als Vater geleistet und meine Liebe zu meinem Sohn ausgedrückt.« Schließlich, nach ein wenig Konversation, sah ich Tim an und sagte: »Was ich dich wissen lassen möchte, ist, daß wir dich lieben.«

Er sah mich an und sagte: »Oh, danke, Dad. Kommt das von dir und Mom?«

Ich sagte: »Ja, das ist von uns beiden, wir äußern es nur zu wenig.«

Er sagte: »Danke, das bedeutet eine Menge. Ich weiß, daß ihr das tut.«

Ich drehte mich um und ging aus der Tür. Als ich hinunterging, begann ich nachzudenken: »Es ist nicht zu glauben. Ich war zweimal oben – ich weiß, wie die Botschaft heißt, und immer kommt etwas anderes heraus.«

Ich beschloß, zurückzugehen und Tim genau

wissen zu lassen, wie ich fühlte. Er wird es direkt von mir hören. Es ist mir egal, daß er 1,82 Meter groß ist! Also gehe ich zurück, klopfe an die Tür, und er schreit: »Einen Augenblick. Sag mir nicht, wer da ist. Könntest du es sein, Dad?«

Ich sagte: »Woher weißt du das?«, und er antwortete: »Ich kenne dich, seit du ein Vater bist, Dad.«

Dann sagte ich: »Hast du noch eine Sekunde Zeit?«

»Du weißt, ich habe immer eine Sekunde Zeit, also komm rein. Ich nehme an, du hast mir noch nicht gesagt, was du sagen wolltest?«

Ich sagte: »Woher weißt du das?«

»Ich kenne dich, seit ich in den Windeln gelegen habe.«

Ich sagte: »Nun, hier kommt es, Tim, was ich zurückgehalten habe. Ich möchte nur ausdrücken, wie besonders du für unsere Familie bist. Es ist nicht, was du tust, und es ist nicht, was du getan hast, nicht wie all die Sachen, die du mit den anderen Schuljungen in der Stadt machst. Es ist, wie du bist als Mensch. Ich liebe dich, und ich möchte, daß du weißt, ich liebe dich, und ich weiß nicht, warum ich so etwas Wichtiges zurückhalte.«

Er sah mich an und sagte: »He, Dad, ich weiß, daß du das tust, und es ist wirklich etwas Besonderes, es dich sagen zu hören. Vielen Dank für deine Gedanken und auch deine Absicht.« Als ich aus der Tür ging, sagte er: »Oh, he, Dad. Hast du noch eine Sekunde Zeit?«

Ich begann nachzudenken: »Oh nein, was wird er mir sagen?« Ich sagte: »Oh, klar, ich habe immer eine Minute Zeit.«

Ich weiß nicht, woher Kinder das haben – ich bin sicher, daß es nicht von den Eltern kommen kann, aber er sagte: »Dad, ich möchte dir nur eine Frage stellen.«

Ich sagte: »Ja, was denn?«

Er sah mich an und sagte: »Dad, warst du bei einem Workshop oder so etwas ähnlichem?«

Ich denke: »Oh nein, wie jeder andere 18jährige hat er mich durchschaut«, und ich sagte: »Nein, ich habe ein Buch gelesen, in dem stand, wie wichtig es ist, seinen Kindern zu sagen, was man wirklich für sie empfindet.«

»He, danke, daß du dir die Zeit genommen hast. Wir reden später, Dad.«

Ich glaube, was Tim mich mehr als alles andere an diesem Abend lehrte, ist, daß die einzige Art, Sinn und Zweck der Liebe wirklich zu verstehen, darin liegt, bereit zu sein, den Preis zu zahlen. Man muß hinausgehen und riskieren, es mitzuteilen.

Gene Bedley

4

ÜBER DAS LERNEN

Lernen ist, herauszufinden,
was du schon weißt.

Tun ist, zu zeigen,
daß du es weißt.

Lehren ist, andere zu erinnern,
daß sie es wissen, genau wie du es weißt.

Ihr seid alle Lernende,
Tuende, Lehrende.

Richard Bach

Eine Zukunft für mich aufbaun

Lieber Lerer,

heute hat Mami geweind. Mami fragte mich Jody weist du eigentlich warum du in die Schule gest? Ich sagte ich weis nicht warum. Sie sagte es is weil wir eine Zukunft für mich aufbaun werden. Ich sagte was is eine Zukunft wie siet eine aus? Mami sagte ich weis nicht Jody, niemand kann deine ganse Zukunft sehn nur du. Mach dir keine Sorgen du wirsd es sehn du wirsd es sehn. Da weinte sie und sakte oh Jody ich liebe dich so.

Mami sakt jeder muß wirklig hart arbeiten für uns Kinder damit unsre Zukunft die schönste wirt was die Welt geben kan.

Lerer können wir heute anfangen eine Zukunft für mich aufzubaun? Kanns du gans doll versuchen eine gans schöne nur für Mami und für mich draus zu machen?

Ich liebe dich Lerer.

Vile Grüße, Jody

Verfaßt von Frank Trujillo

Ich mag mich jetzt

Wenn man erst einmal sieht, wie das Selbstbild eines Kindes sich verbessert, wird man eine bedeutsame Zunahme der Leistungsbereiche erkennen; aber was noch wichtiger ist, man wird ein Kind sehen, das sein Leben mehr genießt.

Wayne Dyer

Ich hatte ein großartiges Gefühl der Erleichterung, als ich begann zu verstehen, daß ein Kind mehr braucht als nur Fachwissen. Ich weiß viel von Mathematik, und ich lehre sie gut. Ich dachte immer, das wäre alles, was ich tun müßte. Ich akzeptiere die Tatsache, daß ich nur bei einigen teilweise erfolgreich sein werde. Wenn ich nicht alle Antworten weiß, scheine ich mehr Antworten zu haben, als wenn ich versuche, der Experte zu sein. Das Kind, das mir dies wirklich verständlich machte, war Eddie. Ich fragte ihn eines Tages, was er denke, warum er in diesem Jahr viel besser sei als im letzten. Er gab meiner ganzen neuen Orientierung eine Bedeutung: »Es ist, weil ich mich jetzt mag, wenn ich mit Ihnen zusammen bin«, sagte er.

Everett Shostrom

All die guten Dinge

Es war in der dritten Klasse, die ich in der Saint-Mary's-Schule in Morris, Minnesota, unterrichtete. Alle meine 34 Schüler waren mir lieb, aber Mark Eklund war einer unter Millionen. Mit einer sehr gepflegten Erscheinung hatte er diese Glücklich-zu-leben-Attitüde, die sogar aus seiner gelegentlichen Verschmitztheit etwas Reizendes machte.

Mark redete auch ununterbrochen. Ich versuchte, ihn wieder und wieder daran zu erinnern, daß Reden ohne Erlaubnis nicht akzeptabel war. Was mich trotzdem sehr beeindruckte, war die ernsthafte Antwort, die er jedesmal gab, wenn ich ihn für sein schlechtes Benehmen berichtigen mußte. »Danke für die Berichtigung, Schwester!« Ich wußte zuerst nicht, was ich damit anfangen sollte, aber bald gewöhnte ich mich daran.

Eines Morgens riß mir langsam der Geduldsfaden, als Mark einmal zuviel redete. Ich machte einen Anfängerfehler. Ich sah Mark an und sagte: »Wenn du noch ein Wort sagst, klebe ich dir den Mund zu!«

Es war keine zehn Sekunden später, als Chuck herausplatzte. »Mark redet schon wieder.« Ich hatte keinen der Schüler gebeten, Mark beobachten zu helfen, aber da ich die Strafe vor der Klasse verkündet hatte, mußte ich nun handeln.

Ich erinnere mich an die Szene, als wenn es heute morgen geschehen wäre. Ich ging an meinen Tisch, öffnete demonstrativ die Schublade und nahm eine Rolle Klebeband heraus. Ohne ein Wort zu sagen, ging ich auf Marks Tisch zu, riß zwei Stücke von dem Klebeband ab und klebte sie x-förmig über seinen Mund. Dann kehrte ich ans obere Ende des Raumes zurück.

Als ich einen Blick auf Mark warf, um zu sehen, wie es ihm ging, zwinkerte er mir zu. Das war zuviel! Ich fing an zu lachen. Die ganze Klasse jubelte, als ich zu Marks Tisch zurückging, das Klebeband entfernte und mit den Schultern zuckte. Seine ersten Worte waren: »Danke für die Berichtigung, Schwester.«

Am Ende des Jahres wurde ich gebeten, Mathematik in der Mittelstufe zu unterrichten. Die Jahre flogen dahin, und bevor ich es wußte, saß Mark wieder in meiner Klasse. Er sah besser aus als je zuvor und genauso höflich. Da er meiner Einführung in die »neue Mathematik« genau zuhören mußte, redete er nicht soviel in der neunten Klasse.

An einem Freitag schien irgendwie alles schiefzugehen. Wir hatten die ganze Woche hart an einem neuen Konzept gearbeitet, und ich spürte, daß die Schüler begannen, mit sich selbst unzufrieden zu werden – und einander auf die Nerven zu gehen. Ich mußte diese Griesgrämigkeit beenden, bevor sie überhandnahm. Also bat ich sie, die Namen der anderen Schüler im Raum auf zwei Blättern aufzulisten, wobei sie zwischen den einzelnen Namen Platz lassen sollten. Dann sagte ich ihnen, sie sollten an das Sympathischste denken, was sie von jedem ihrer Klassenkameraden sagen könnten, und es aufschreiben.

Es nahm den Rest der Stunde in Anspruch, die Aufgabe fertigzustellen, aber als die Schüler den Raum verließen, gab mir jeder seine Blätter. Chuck lächelte. Mark sagte: »Danke für die Belehrung, Schwester. Schönes Wochenende.«

An jenem Sonnabend schrieb ich die Namen jedes Schülers auf ein einzelnes Blatt Papier, und ich listete alles auf, was jeder über den jeweiligen Schüler gesagt hatte. Am Montag gab ich jedem Schüler seine oder ihre Liste. Einige waren zwei Seiten lang. Bald lächelte die ganze Klasse. »Wirklich?« hörte ich es flüstern. »Ich wußte nicht, daß das jemandem etwas bedeuten könnte!« – »Ich wußte nicht, daß andere mich so mögen!«

Niemand erwähnte diese Seiten in der Klasse jemals wieder. Ich wußte nicht, ob sie nach der Schule oder mit ihren Eltern darüber sprachen, aber das war gleichgültig. Die Übung hatte ihren Zweck erfüllt. Die Schüler waren wieder zufrieden mit sich selbst und mit den anderen.

Diese Gruppe von Schülern schritt voran. Einige Jahre später, nachdem ich aus einem Urlaub zurückkehrte, holten meine Eltern mich vom Flughafen ab. Als wir nach Hause fuhren, stellte Mutter die üblichen Fragen über die Reise: wie das Wetter gewesen war, meine Erlebnisse im allgemeinen. Es trat eine kurze Gesprächspause ein. Mutter warf Dad einen Seitenblick zu und sagte schlicht: »Dad?« Mein Vater räusperte sich. »Die Eklunds haben gestern abend angerufen«, begann er.

»Wirklich?« sagte ich. »Ich habe seit Jahren nichts von ihnen gehört. Ich frage mich, wie es Mark geht.«

Dad antwortete ruhig. »Mark wurde in Vietnam getötet«, sagte er. »Die Beerdigung ist morgen, und seine Eltern hätten gern, daß du teilnimmst.« Bis zum heutigen Tag kann ich den genauen Punkt auf dem Autobahnkreuz 494 zeigen, an dem Dad mir von Mark erzählte.

Ich hatte noch nie einen Militärangehörigen in einem Militärsarg gesehen. Mark sah so gut aus, so reif. Alles, was ich in diesem Moment denken konnte, war: »Mark, ich würde alles Klebeband der Welt hergeben, wenn du nur mit mir sprechen könntest.«

Die Kirche war voll von Marks Freunden. Chucks Schwester sang »The Battle Hymn of the Republic«. Warum mußte es am Tag der Beerdigung regnen? Es war schwer genug, am Grab zu stehen. Der Pastor sprach die üblichen Gebete, und der Hornist spielte den Zapfenstreich. Jene, die Mark liebten, gingen nacheinander zum letzten Mal am Sarg vorüber und besprengten ihn mit Weihwasser.

Ich war die letzte, um den Sarg zu segnen. Als ich dort stand, kam einer der Soldaten, der als Sargträger gedient hatte, zu mir: »Waren Sie Marks Mathelehrerin?« fragte er. Ich nickte, indem ich fortfuhr, auf den Sarg zu starren. »Mark hat oft von Ihnen gesprochen«, sagte er.

Nach der Beerdigung gingen die meisten von Marks ehemaligen Klassenkameraden zum Mittagessen zu Chucks Farmhaus hinüber. Marks Mutter und Vater waren dort und warteten offenbar auf mich. »Wir wollen Ihnen etwas zeigen«, sagte sein Vater und zog seine Brieftasche hervor. »Sie fanden dies bei Mark, als er getötet wurde. Wir dachten, Sie würden es vielleicht erkennen.«

Als er die Brieftasche öffnete, entfernte er vorsichtig zwei abgegriffene Notizzettel, die offensichtlich zusammengeklebt und viele Male zusammen- und auseinandergefaltet worden waren. Ich wußte, ohne hinzusehen, daß die Zettel jene waren, auf denen ich all die guten Dinge aufgelistet hatte, die jeder von Marks Klassenkameraden über ihn gesagt hatte. »Vielen Dank, daß Sie das getan haben«, sagte Marks Mutter. »Wie Sie sehen, hat er es in lieber Erinnerung behalten.«

Marks Klassenkameraden begannen, sich um uns zu versammeln. Chuck lächelte ein wenig verlegen und sagte: »Ich habe meine Liste noch. Sie ist in der obersten Schublade meines Schreibtisches zu Hause.« Johns Frau sagte: »John bat mich, seine in unser Hochzeitsalbum zu legen.« – »Ich habe meine auch«, sagte Marilyn. »Sie ist in meinem Tagebuch.« Dann griff Vicki, eine andere Klassenkameradin, in ihre Handtasche, nahm ihre Brieftasche heraus und zeigte der Gruppe ihre abgegriffene und zerfranste Liste. »Ich habe sie immer bei mir«, sagte Vicki, ohne mit der Wimper zu zucken. »Ich glaube, wir alle haben unsere Listen aufbewahrt.«

In diesem Moment setzte ich mich schließlich und weinte. Ich weinte um Mark und all seine Freunde, die ihn nie wiedersehen würden.

Helen P. Mrosla

Du bist ein Wunder

Jede Sekunde, die wir leben, ist ein neuer und einzigartiger Augenblick im Universum, ein Augenblick, der nie wieder sein wird … Und was lehren wir unsere Kinder? Wir lehren sie, daß zwei und zwei vier ergibt und daß Paris die Hauptstadt von Frankreich ist.

Wann werden wir sie lehren, was sie sind?

Wir sollten zu jedem von ihnen sagen: Weißt du, was du bist? Du bist ein Wunder. Du bist einzigartig. In all den Jahren, die vergangen sind, hat es nie ein Kind wie dich gegeben. Deine Beine, deine Arme, deine geschickten Finger, die Art, wie du dich bewegst.

Aus dir könnte ein Shakespeare werden, ein Michelangelo, ein Beethoven. Du hast die Fähigkeit zu allem. Ja, du bist ein Wunder. Und wenn du aufwächst, kannst du dann jemandem Schaden zufügen, der wie du ein Wunder ist?

Du mußt daran arbeiten – wir alle müssen daran arbeiten –, damit die Welt ihrer Kinder würdig wird.

Pablo Casals

Wir lernen durchs Tun

Vor einigen Jahren habe ich angefangen, Cello zu spielen. Die meisten Leute würden sagen, daß das, was ich tue, darin besteht, Cello »spielen zu lernen«. Aber diese Worte rufen in unseren Gedanken die seltsame Vorstellung hervor, daß es zwei verschiedene Vorgänge gibt: erstens Cello spielen zu lernen; und zweitens Cello zu spielen. Sie deuten an, daß ich das erste tue, bis ich es abgeschlossen habe, an welchem Punkt ich den ersten Vorgang beende und mit dem zweiten beginne. Kurz, ich fahre fort, »spielen zu lernen«, bis ich »spielen gelernt habe«, und dann fange ich an zu spielen. Natürlich ist das Unsinn. Es gibt keine zwei Vorgänge, sondern nur einen. Wir lernen etwas, indem wir es tun. Es gibt keinen anderen Weg.

John Holt

Die Hand

Im Leitartikel zum Erntedanktag in einer Zeitung wurde von einer Lehrerin berichtet, die ihre Gruppe von Erstkläßlern bat, ein Bild von etwas zu malen, wofür sie dankbar waren. Sie dachte daran, wie wenig es gab, wofür diese Kinder aus armen Gegenden tatsächlich dankbar sein müßten. Aber sie wußte, daß die meisten von ihnen Bilder von Truthähnen oder Tischen mit Essen malen würden. Die Lehrerin war über das Bild erstaunt, das Douglas abgab … eine einfache, auf kindliche Art gezeichnete Hand.

Aber wessen Hand? Die Klasse war von dem abstrakten Bild gefangengenommen. »Ich glaube, es muß die Hand Gottes sein, die uns Essen gibt«, sagte ein Kind. »Ein Bauer«, sagte ein anderes, »weil er die Truthähne aufzieht.« Schließlich, als die anderen bei der Arbeit waren, beugte sich die Lehrerin über Douglas' Tisch und fragte, wessen Hand das sei. »Es ist Ihre Hand, Mrs. X«, murmelte er.

Sie erinnerte sich daran, daß sie in der Pause wiederholt Douglas, ein struppiges, einsames Kind, an die Hand genommen hatte. Sie tat das oft mit den Kindern. Aber es bedeutete Douglas so viel. Vielleicht war das jedermanns Erntedank, nicht für die materiellen Dinge, die uns gegeben werden, sondern für die noch so kleine Möglichkeit, anderen etwas zu geben.

Anonym

Der kleine Junge

Einmal ging ein kleiner Junge in die Schule.
Es war ein ziemlich kleiner Junge.
Und es war eine ziemlich große Schule.
Aber als der kleine Junge
sah, daß er in sein Klassenzimmer
direkt durch die Außentür gehen konnte,
war er glücklich.
Und die Schule erschien
nicht mehr so groß.

Eines Morgens,
als der kleine Junge schon eine Weile in
der Schule war,
sagte die Lehrerin:

»Heute malen wir ein Bild.«
»Gut«, dachte der kleine Junge.
Er malte gern Bilder.
Er konnte alles mögliche malen:
Löwen und Tiger,
Hühner und Kühe,
Eisenbahnen und Boote –
Und er holte seinen Buntstiftkasten heraus
und fing an zu malen.

Aber die Lehrerin sagte:
»Wartet! Es ist noch nicht Zeit anzufangen!«
Und sie wartete, bis jeder bereit war.

»Jetzt«, sagte die Lehrerin,
»malen wir Blumen.«
»Gut!« dachte der kleine Junge,
er malte gern Blumen,
und er fing an, wunderschöne zu malen,
mit seinen rosa- und orangefarbenen
und blauen Buntstiften.

Aber die Lehrerin sagte:
»Wartet! Und ich werde euch zeigen, wie.«
Und sie zeichnete eine Blume an die Tafel.
Sie war rot mit einem grünen Stengel.
»So«, sagte die Lehrerin,
»jetzt könnt ihr anfangen.«

Der kleine Junge sah die Blume der Lehrerin an.
Dann sah er seine eigene Blume an.
Er mochte seine Blume lieber als die der
Lehrerin.
Aber das sagte er nicht,
er drehte nur sein Blatt um
und malte eine Blume wie die der Lehrerin.
Sie war rot mit einem grünen Stengel.

An einem anderen Tag,
als der kleine Junge die Außentür
ganz allein geöffnet hatte,
sagte die Lehrerin:
»Heute machen wir etwas aus Ton.«
»Gut!« dachte der kleine Junge.
Er mochte Ton.

Er konnte alles mögliche aus Ton machen:
Schlangen und Schneemänner,
Elefanten und Mäuse,
Autos und Lastwagen –
und er fing an, seine Tonkugel
zu ziehen und zu drücken.

Aber die Lehrerin sagte:
»Wartet! Es ist noch nicht Zeit anzufangen!«
Und sie wartete, bis jeder bereit war.

»Jetzt«, sagte die Lehrerin,
»machen wir eine Schale.«
«Gut!« dachte der kleine Junge,
und er fing an, Schalen zu machen,
die alle möglichen Formen und Größen hatten.

Aber die Lehrerin sagte:
»Wartet! Und ich werde euch zeigen, wie.«

Und sie zeigte jedem, wie man
eine tiefe Schale machte.
»So«, sagte die Lehrerin,
»jetzt könnt ihr anfangen.«

Der kleine Junge sah die Schale der Lehrerin an,
dann sah er seine eigene Schale an.
Er mochte seine Schale lieber als die der Lehrerin.
Aber das sagte er nicht,
er rollte seinen Ton nur wieder zur Kugel
zusammen
und machte eine Schale wie die der Lehrerin.
Es war eine tiefe Schale.

Und recht bald
lernte der kleine Junge, zu warten
und zu beobachten
und alles genau wie die Lehrerin zu machen.
Und recht bald
machte er nichts mehr aus sich selbst heraus.

Dann geschah es,
daß der kleine Junge und seine Familie
in ein anderes Haus zogen,
in eine andere Stadt,
und der kleine Junge
mußte in eine andere Schule gehen.

Diese Schule war sogar noch größer
als die andere,
und es gab keine Außentür, die
in sein Klassenzimmer führte.
Er mußte einige große Stufen hochsteigen
und durch eine lange Halle gehen,
um in sein Klassenzimmer zu kommen.

Und am allerersten Tag,
an dem er dort war, sagte die Lehrerin:
»Heute malen wir ein Bild.«

»Gut!« dachte der kleine Junge,
und er wartete, daß die Lehrerin
ihm sagen würde, was er tun sollte.
Aber die Lehrerin sagte gar nichts.
Sie ging nur im Klassenzimmer herum.

Als sie zu dem kleinen Jungen kam,
sagte sie: »Willst du kein Bild malen?«
»Doch«, sagte der kleine Junge.
»Was sollen wir malen?«
»Ich weiß es nicht, bevor du es nicht malst«,
sagte die Lehrerin.
»Wie soll ich es malen?« fragte der kleine Junge.
»Na, ganz wie du willst«, sagte die Lehrerin.
»Und jede Farbe?« fragte der kleine Junge.

»Jede Farbe«, sagte die Lehrerin.
»Wenn jeder das gleiche Bild malt
und die gleichen Farben benutzt,
wie soll ich wissen, wer was gemalt hat,
und welches welches ist?«
»Ich weiß nicht«, sagte der kleine Junge.
Und er fing an, rosa- und orangefarbene
und blaue Blumen zu malen.

Er mocht seine neue Schule,
auch wenn sie keine Außentür hatte,
die direkt von draußen hineinführte!
Helen E. Buckley

Ich bin Lehrer

Ich bin Lehrer.

Ich wurde in dem Moment geboren, als eine Frage aus dem Mund eines Kindes kam.

Ich bin viele Menschen an vielen Orten.

Ich bin Sokrates, der die Jugend von Athen anregt, neue Ideen durch den Gebrauch von Fragen zu entdecken.

Ich bin Anne Sullivan, die die Geheimnisse des Universums an die ausgestreckte Hand von Helen Keller morst.

Ich bin Äsop und Hans Christian Andersen, die Wahrheit enthüllen durch unzählige Geschichten.

Ich bin Marva Collins, die für das Recht jedes Kindes auf Bildung kämpft.

Ich bin Mary McCleod Bethune, die ein großes College für ihre Leute baut und orangefarbene Kisten als Tische benutzt.

Ich bin Bel Kaufmann, die sich anstrengt, *die abwärts fahrende Treppe hochzusteigen.*[1]

Die Namen derer, die meinen Beruf ausgeübt haben, klingen wie eine Ruhmeshalle für die Menschheit … Booker T. Washington, Buddha, Konfuzius, Ralph Waldo Emerson, Leo Buscaglia, Moses und Jesus.

Ich bin auch jene, deren Namen und Gesichter längst vergessen sind, deren Lektionen und Charakter aber für immer in Erinnerung bleiben werden durch die Leistungen ihrer Schüler.

Ich habe vor Freude geweint bei den Hochzeitsfeiern ehemaliger Schüler, vor Freude gelacht bei der Geburt ihrer Kinder und stand mit geneigtem Kopf in Trauer und Verwirrung an Gräbern, die zu früh gegraben wurden für viel zu junge Körper.

---

[1] *Up the Down Staircase*, Bel Kaufman

Während eines einzigen Tages war ich aufgerufen, Schauspieler zu sein, Freund, Krankenpfleger und Arzt, Coach, Finder verlorener Gegenstände, Geldverleiher, Taxifahrer, Psychologe, Ersatzvater, Verkäufer, Politiker und ein Hüter des Glaubens.

Trotz der Karten, Tabellen, Formeln, Verben, Geschichten und Bücher hatte ich eigentlich nichts zu lehren, denn meine Schüler hatten eigentlich nur sich selbst kennenzulernen, und ich weiß, man braucht die ganze Welt, die einem sagt, wer man ist.

Ich bin ein Paradox. Ich spreche am lautesten, wenn ich am meisten zuhöre. Meine größten Gaben liegen in dem, was ich von meinen Schülern anerkennend entgegenzunehmen bereit bin.

Materieller Wohlstand gehört nicht zu meinen Zielen, aber ich bin ein Vollzeit-Schatzsucher, bei meiner Suche nach neuen Gelegenheiten für meine Schüler, ihre Begabungen zu gebrauchen, und bei meiner stetigen Suche nach jenen Begabungen, die manchmal in Selbstverleugnung vergraben liegen.

Ich bin der Glücklichste von allen, die arbeiten.

Einem Arzt wird erlaubt, in einem magischen Augenblick Leben in die Welt zu führen. Mir ist erlaubt, dafür zu sorgen, daß das Leben an jedem Tag neu geboren wird durch neue Fragen, Ideen und Freundschaften.

Ein Architekt weiß, wenn er mit Sorgfalt baut, wird sein Gebäude für Jahrhunderte stehen. Ein Lehrer weiß, wenn er mit Liebe und Wahrheit baut, wird das, was er baut, für immer bestehen.

Ich bin ein Krieger, der täglich Krieg führt gegen Gruppenzwang, negative Einstellungen, Angst, Konformismus, Vorurteil, Ignoranz und Apathie. Aber ich habe große Verbündete: Intelligenz, Neugier, elterliche Unterstützung, Individualität, Kreativität, Vertrauen, Liebe und Lachen eilen zu meinem Banner mit nicht nachlassender Unterstützung.

Und wem muß ich danken für dieses wunderbare Leben, das zu erfahren ich so glücklich bin, wenn nicht Ihnen, der Öffentlichkeit, den Eltern. Denn Sie haben mir die große Ehre erwiesen, Ihren größten Beitrag an die Ewigkeit, Ihre Kinder, mir anzuvertrauen.

Und so habe ich eine Vergangenheit, die reich an Erinnerungen ist. Ich habe eine Gegenwart, die herausfordernd, abenteuerlich und lustig ist, weil mir erlaubt ist, meine Tage mit der Zukunft zu verbringen.

Ich bin Lehrer … und danke an jedem Tag Gott dafür.

John W. Schlatter

5

LEBE DEINEN TRAUM

Jene, die sagen, daß es nicht möglich sei,
sollten nicht diejenigen stören,
die es möglich machen.

Ich glaube, ich kann es!

Ob du glaubst, du kannst es, oder es nicht glaubst – du hast recht.

Henry Ford

Rocky Lyons, der Sohn von Marty Lyons, dem Abwehrspieler der New Yorker Jets, war fünf Jahre alt, als er mit seiner Mutter, Kelly, durch das ländliche Alabama fuhr. Er schlief auf dem Vordersitz ihres Pick-ups mit seinen Füßen auf ihrem Schoß.

Als seine Mutter vorsichtig die gewundene, zweispurige Landstraße entlangfuhr, wendete sie auf einer schmalen Brücke. Dabei traf der Lastwagen auf ein Schlagloch und rutschte von der Straße ab, und das rechte Vorderrad blieb in einer Furche stecken. In ihrer Angst, der Lastwagen könnte vornüberkippen, versuchte sie, ihn auf die Straße zurückzureißen, indem sie hart aufs Gaspedal trat und das Lenkrad nach links drehte. Aber Rockys Fuß blieb zwischen ihrem Bein und dem Lenkrad hängen, und sie verlor die Kontrolle über den Pick-up.

Der Lastwagen kippte und stürzte eine sechs Meter tiefe Schlucht hinab. Als er auf dem Boden aufkam, wachte Rocky auf. »Was ist passiert?« fragte er. »Unsere Räder zeigen in den Himmel.«

Kelly war blind vor Blut. Der Schaltknüppel hatte sich in ihr Gesicht gebohrt und es von den Lippen bis zur Stirn aufgerissen. Ihr Zahnfleisch war aufgerissen, ihre Wangen zerfetzt, ihre Schultern zertrümmert. Mit einem zerschmetterten Knochen, der aus ihrer Achsel ragte, war sie gegen die zertrümmerte Tür genagelt.

»Ich hole dich raus, Mama«, verkündete Rocky, der auf wundersame Weise einer Verletzung entkommen war. Er rutschte unter Kelly hervor, ließ sich aus dem offenen Fenster gleiten und versuchte, seine Mutter herauszuziehen. Aber sie bewegte sich nicht. »Laß mich schlafen«, bat Kelly, die zwischen Bewußtsein und Bewußtlosigkeit schwankte. »Nein, Mama«, sagte Rocky bestimmt. »Du kannst nicht schlafen.«

Rocky wand sich in den Lastwagen zurück und schaffte es, seine Mutter aus dem Wrack zu schieben. Dann sagte er ihr, daß er zur Straße hochklettern und ein Auto anhalten würde, um Hilfe zu bekommen. Aus Angst, daß niemand ihren kleinen Jungen im Dunkeln sehen könnte, weigerte sich Kelly, ihn allein gehen zu lassen. Statt dessen krochen sie langsam die Böschung hinauf, indem Rocky mit seiner mageren Vierzig-Pfund-Gestalt seine 104 Pfund schwere Mutter schob. Sie krochen Zoll für Zoll. Der Schmerz war so stark, daß Kelly aufgeben wollte, aber Rocky ließ es nicht zu.

Um seine Mutter vorwärts zu zwingen, sagte Rocky ihr, sie solle »an die kleine Eisenbahn« denken, die aus der klassischen Kindergeschichte *The Little Engine That Could*, die es geschafft hatte, einen steilen Berg hinaufzukommen. Um sie daran zu erinnern, wiederholte Rocky immer wieder den inspirierenden Satz in der Geschichte. »Ich weiß, du kannst es, ich weiß, du kannst es.«

Als sie schließlich die Straße erreichten, konnte Rocky zum ersten Mal das zerrissene Gesicht seiner Mutter deutlich sehen. Er brach in Tränen aus. Indem er mit den Armen winkte und flehte: »Anhalten! Bitte anhalten!« hielt der Junge einen Lastwagen an. »Bringen Sie meine Mutter ins Krankenhaus«, bat er den Fahrer inständig.

Es brauchte acht Stunden und 344 Stiche, um Kellys Gesicht neu zu formen. Sie sieht heute sehr anders aus – »Ich hatte eine gerade, lange Nase, schmale Lippen und hohe Wangenknochen, jetzt habe ich eine Stupsnase, flache Wangen und viel größere Lippen« – aber sie hat wenige sichtbare Narben und hat sich von ihren Verletzungen erholt.

Rockys Heldentat war eine große Neuigkeit. Aber der couragierte Junge besteht darauf, daß er nichts Außergewöhnliches getan habe. »Es ist nicht so, als ob ich gewollt hätte, daß es passierte«, erklärt er. »Ich habe nur getan, was jeder getan hätte.« Hier sagt seine Mutter: »Wenn Rocky nicht gewesen wäre, wäre ich verblutet.«

Michele Borba

Ruhe in Frieden: Das Begräbnis des »Ich kann nicht«

Donnas Klassenraum der vierten Klasse sah aus wie viele andere, die ich in der Vergangenheit gesehen hatte. Die Schüler saßen in fünf Reihen zu sechs Tischen. Das Lehrerpult stand vorn, den Schülern gegenüber. Das Schwarze Brett zeigte Schülerarbeiten. In vieler Hinsicht schien er ein typischer, traditioneller Grundschulklassenraum zu sein. Doch etwas erschien anders an dem Tag, als ich ihn zum ersten Mal betrat. Es schien eine Unterströmung von Aufregung zu herrschen.

Donna war eine erfahrene Kleinstadtlehrerin aus Michigan, deren Pensionierung in zwei Jahren bevorstand. Zusätzlich war sie eine freiwillige Teilnehmerin an einem landesweiten Personalentwicklungsprojekt, das sich organisiert und ausgerüstet hatte. Das Training konzentrierte sich auf kreative sprachliche Ideen, die Schüler befähigen würden, sich mit sich selbst wohl zu fühlen und Verantwortung für ihr Leben zu übernehmen. Donnas Aufgabe war es, Trainingssitzungen zu besuchen und die dargestellten Konzepte einzuführen. Meine Aufgabe war es, die Klassenräume zu besuchen und zu der Einführung zu ermutigen.

Ich nahm einen freien Platz hinten im Raum ein und beobachtete das Geschehen. Alle Schüler arbeiteten an einer Aufgabe; sie füllten einen Notizbogen mit Gedanken und Ideen. Die zehnjährige Schülerin, die mir am nächsten saß, füllte ihre Seite mit mehreren »Ich kann nicht«.

»Ich kann den Soccer-Ball nicht über die zweite Base hinauswerfen.«

»Ich kann nicht lange Dividieraufgaben mit mehr als drei Ziffern lösen.«

»Ich kann Debbie nicht dazu bringen, mich zu mögen.«

Ihre Seite war halb voll, und sie machte keine Anstalten aufzuhören. Sie arbeitete weiter mit Entschlossenheit und Beharrlichkeit.

Ich ging durch den Gang und warf Blicke auf die Blätter der Schüler. Alle schrieben Sätze, die Dinge beschrieben, die sie nicht konnten.

»Ich kann nicht zehn Klimmzüge machen.«

»Ich kann nicht auf der linken Spielfeldseite über den Zaun schlagen.«

»Ich kann nicht nur einen Keks essen.«

An diesem Punkt erregte die Aktivität meine Neugier, also beschloß ich, es mit der Lehrerin zu besprechen, um zu sehen, was hier vorging. Als ich mich ihr näherte, bemerkte ich, daß auch sie mit Schreiben beschäftigt war. Es erschien mir am besten, nicht zu stören.

»Ich kann nicht Johns Mutter dazu bringen, zum Elternabend zu kommen.«

»Ich kann meine Tochter nicht dazu bringen, das Auto vollzutanken.«

»Ich kann Alan nicht dazu bringen, Worte anstatt Fäuste zu gebrauchen.«

In meiner Bemühung gehindert, festzustellen, warum Schüler und Lehrerin sich ständig mit dem Negativen befaßten, anstatt die positiveren »Ich kann«-Sätze zu schreiben, kehrte ich zu meinem Platz zurück und setzte meine Beobachtungen fort.

Die Schüler schrieben weitere zehn Minuten lang. Die meisten füllten ihre Seite. Einige fingen eine neue an.

»Schreibt den letzten Satz zu Ende und fangt keinen neuen mehr an«, war die Anweisung, die Donna benutzte, um das Ende der Aktivität zu signalisieren. Die Schüler wurden dann angewiesen, ihre Blätter einmal zu falten und nach vorn zu bringen. Als die Schüler an das Lehrerpult kamen, legten sie ihre »Ich kann nicht«-Sätze in einen leeren Schuhkarton.

Als alle Blätter gesammelt waren, legte Donna ihres dazu. Sie tat den Deckel auf den Karton, klemmte ihn unter den Arm und ging auf die Tür zu und in die Halle hinunter. Die Schüler folgten der Lehrerin. Ich folgte den Schülern.

Auf halbem Weg zur Halle hielt die Prozession an. Donna betrat den Hausmeisterraum, stöberte darin herum und kam mit einer Schaufel heraus. Schaufel in der einen Hand, Schuhkarton in der anderen, marschierte Donna den Schülern voraus aus der Schule zu der entferntesten Ecke des Schulhofes. Dort begann sie zu graben.

Sie waren dabei, ihre »Ich kann nicht«-Sätze zu begraben! Das Graben dauerte über zehn Minuten, weil die meisten der Viertkläßler einmal schaufeln wollten. Als das Loch fast einen Meter tief wurde, hörte das Graben auf. Die Schachtel mit den »Ich kann nicht«-Sätzen wurde auf dem Boden des Loches plaziert und schnell mit Erde bedeckt.

Einunddreißig Zehn- und Elfjährige standen um das frisch gegrabene Grab herum. Jedes hatte mindestens eine Seite voller »Ich kann nicht«-

nehmen und vorwärts gehen in seiner Abwesenheit. Amen.«

Als ich dieser Lobrede zuhörte, wurde mir klar, daß diese Schüler diesen Tag nie vergessen würden. Die Aktivität war symbolisch, eine Metapher für das Leben. Es war eine Erfahrung, die in den unbewußten und bewußten Gedanken für immer haften bleiben würde.

»Ich kann nicht«-Sätze schreiben, sie begraben und die Lobrede hören – das war eine wesentliche Bemühung von seiten dieser Lehrerin. Aber sie war noch nicht fertig. Am Schluß der Lobrede ließ sie die Schüler sich umwenden, marschierte mit ihnen in das Klassenzimmer zurück und hielt eine Wache.

Sie feierten den Hingang von »Ich kann nicht« mit Keksen, Popcorn und Fruchtsaft. Als Teil der Feier schnitt Donna einen Grabstein aus festem Papier aus. Sie schrieb die Worte »Ich kann nicht« oben hin und setzte die Abkürzung für »Ruhe in Frieden« in die Mitte. Das Datum wurde unten angefügt.

Der Papiergrabstein hing für den Rest des Jahres in Donnas Klassenzimmer. Bei jenen seltenen Gelegenheiten, wenn ein Schüler vergaß und sagte »Ich kann nicht«, zeigte Donna einfach auf die Abkürzung »Ruhe in Frieden«. Der Schüler erinnerte sich dann, daß »Ich kann nicht« tot war, und beschloß, seine Äußerung anders zu formulieren.

Ich war keiner von Donnas Schülern. Sie war eine von meinen. Doch an diesem Tag lernte ich eine bleibende Lektion von ihr.

Wenn ich jetzt, Jahre später, den Satz »Ich kann nicht« höre, sehe ich die Bilder dieses Grundschulbegräbnisses. Wie die Schüler erinnere ich mich daran, daß »Ich kann nicht« tot ist.

Chick Moorman

Die 333-Geschichte

Ich hielt ein Wochenendseminar in der Deerhurst Lodge, nördlich von Toronto. Freitag nacht fegte ein Tornado durch eine Stadt nördlich von uns, die Barrie heißt, tötete Dutzende von Menschen und verursachte einen Schaden in Millionenhöhe. Sonntag nacht, als ich nach Hause fuhr, hielt ich an, als ich nach Barrie kam. Ich stieg am Rande des Highways aus und sah mich um. Es war ein furchtbares Durcheinander. Überall, wo ich hinsah, waren eingedrückte Häuser und umgeworfene Autos.

In derselben Nacht fuhr Bob Templeton denselben Highway entlang. Er hielt an, um die Verwüstung zu sehen, genau wie ich, nur mit dem Unterschied, daß er andere Gedanken hatte als ich. Bob war der Vizepräsident der Telemedia Communications, die eine Kette von Radiostationen in Ontario und Quebec besitzt. Er dachte, daß es mit Hilfe dieser Radiostationen etwas geben müßte, was wir für diese Menschen tun könnten.

Am folgenden Abend führte ich ein weiteres Seminar in Toronto durch. Bob Templeton und Bob Johnson, ein anderer Vizepräsident von Telemedia kamen dazu und standen hinten im Raum. Sie waren beide der Überzeugung, daß es etwas geben mußte, was sie für die Menschen in Barrie tun konnten. Nach dem Seminar gingen wir zurück in Bobs Büro. Er setzte sich jetzt ganz für die Idee ein, den Menschen, die von dem Tornado überrascht worden waren, zu helfen.

Am folgenden Freitag rief er alle leitenden Angestellten von Telemedia in sein Büro. Oben auf eine Tafel schrieb er drei Dreien. Er sagte zu seinen leitenden Angestellten: »Wie würde es Ihnen gefallen, drei Millionen Dollar, von jetzt an, innerhalb von drei Tagen, in nur drei Stunden aufzubringen und das Geld den Menschen in Barrie zu geben?« Es herrschte Totenstille im Raum. Schließlich sagte jemand: »Templeton, Sie sind verrückt. Es gibt keine Möglichkeit für uns, das zu tun.«

Bob sagte: »Einen Augenblick. Ich habe nicht gefragt, ob wir *könnten,* oder gar, ob wir *sollten.* Ich habe nur gefragt, wie es Ihnen gefallen würde.«

Sie alle sagten: »Sicher, es würde uns *gefallen.*« Er schrieb dann ein großes T unter die 333. Auf einer Seite schrieb er: »Warum wir es nicht können«. Auf die andere Seite schrieb er: »Wie wir es können.«

»Ich werde ein großes X auf die Seite ›Warum wir nicht können‹ setzen. Wir werden keine Zeit mit Ideen darüber verschwenden, warum wir es nicht können. Das hat keinen Wert. Auf der anderen Seite werden wir jede Idee aufschreiben, die uns einfällt, wie wir es können. Wir werden den Raum nicht verlassen, bevor wir es herausbekommen haben.« Es herrschte wieder Stille.

Schließlich sagte jemand: »Wir könnten eine Radioshow in ganz Kanada machen.«

Bob sagte: »Das ist eine großartige Idee«, und schrieb sie auf. Bevor er zu Ende geschrieben hatte, sagte jemand: »Man kann keine Radioshow in ganz Kanada machen. Wir haben keine Radiostationen in ganz Kanada.« Das war ein recht gültiger Einwand. Sie hatten nur in Ontario und Quebec Stationen. Templeton erwiderte: »Das gibt es zu bedenken. Das bleibt stehen.« Aber dies war ein wirklich starker Einwand, weil Radiostationen sehr vom Konkurrenzdenken geprägt sind. Sie arbeiten im allgemeinen nicht zusammen, und sie dazu zu bringen, würde nach der üblichen Art zu denken, praktisch unmöglich sein.

Auf einmal schlug jemand vor: »Sie könnten Harvey Kirk und Lloyd Robertson, die größten Namen im kanadischen Rundfunk, dazu bekommen, die Show auf die Beine zu stellen.« (Das wäre so, als ob man Brokaw und Sam Donaldson dazu bekommen wollte, die Show zu machen. Sie sind Säulen des nationalen Fernsehens. Sie würden nicht ins Radio gehen.) An diesem Punkt war es absolut erstaunlich, wie rasant und stürmisch die kreativen Ideen zu sprudeln begannen.

Das war am Freitag. Am folgenden Dienstag gab es ein Radiomarathon. Sie hatten fünfzig Radiostationen überall im Land gefunden, die einverstanden waren zu senden. Es kam nicht darauf an, wer die Anerkennung erhielt, solange die Menschen in Barrie das Geld erhielten. Harvey Kirk und Lloyd Robertson stellten die Show auf die Beine, und sie waren erfolgreich im Aufbringen von drei Millionen Dollar in drei Stunden innerhalb von drei Arbeitstagen!

Sie sehen, man kann alles tun, wenn man sich darauf konzentriert, wie es zu tun ist, und nicht darauf, warum man es nicht kann.

Bob Proctor

Frag, frag, frag

Der großartigsten Geschäftsfrau der heutigen Zeit macht es nichts aus, wenn man sie ein Mädchen nennt. Das liegt daran, daß Markita Andrews mehr als achtzigtausend Dollar durch den Verkauf von Girl-Scout-Keksen vedient hat.

Während sie nach der Schule von Tür zu Tür ging, verwandelte sich die schrecklich schüchterne Markita in einen keksverkaufenden Dynamo, als sie im Alter von dreizehn das Geheimnis des Verkaufens entdeckte.

Es beginnt mit einer Sehnsucht. Brennende, weißglühende Sehnsucht.

Für Markita und ihre Mutter, die als Kellnerin in New York arbeitete, nachdem ihr Mann sie verlassen hatte, als Markita acht Jahre alt war, war es ihr Traum, um die Welt zu reisen. »Ich werde hart arbeiten, um genug Geld zu verdienen, damit ich dich aufs College schicken kann«, sagte ihre Mutter. »Du gehst aufs College, und wenn du einen Abschluß hast, wirst du genug Geld verdienen, damit wir beide um die Welt reisen können. Okay?«

Als sie also im Alter von dreizehn in ihrem Pfadfinderinnen-Magazin las, daß die Pfadfinderin, die am meisten Kekse verkaufte, eine voll bezahlte Reise um die Welt für zwei Personen gewinnen würde, beschloß sie, so viele Girl-Scout-Kekse zu verkaufen, wie sie konnte – mehr Girl-Scout-Kekse als irgend jemand auf der Welt jemals zuvor verkauft hatte.

Aber die Sehnsucht allein ist nicht genug. Markita wußte, um ihren Traum wahr zu machen, brauchte sie einen Plan.

»Trag immer die richtige Kleidung, deine Berufskleidung«, riet ihre Tante. »Wenn du Geschäfte machst, zieh dich an wie jemand, der Geschäfte macht. Trag deine Girl-Scout-Uniform. Wenn du zu Leuten um 4.30 Uhr oder 6.30 Uhr in ein Mietshaus gehst, und besonders Freitag abends, frag nach einem großen Auftrag. Lächle immer, ob sie nun kaufen oder nicht, sei immer nett. Und bitte sie nicht darum, deine Kekse zu kaufen; bitte sie zu investieren.«

Viele andere Pfadfinderinnen hätten vielleicht gern diese Reise um die Welt gehabt. Viele andere Pfadfinderinnen hätten vielleicht einen Plan gehabt. Aber nur Markita ging jeden Tag nach der Schule in ihrer Uniform los und war bereit, Leute zu bitten – und immer wieder zu bitten –, in ihren Traum zu investieren. »Hallo. Ich habe einen Traum. Ich verdiene mir und meiner Mutter eine Reise um die Welt, indem ich mit Girl-Scout-Keksen handle«, sagte sie immer an der Tür. »Würden

Sie in ein oder zwei Dutzend Schachteln Kekse investieren?«

Markita verkaufte in jenem Jahr 3526 Schachteln Girl-Scout-Kekse und gewann ihre Reise um die Welt. Seitdem hat sie mehr als 42 000 Schachteln Girl-Scout-Kekse verkauft, bei Verkaufsversammlungen im ganzen Land gesprochen, in einem Disney-Film über ihre Abenteuer mitgespielt und war Mitautorin des Bestsellers *How to Sell More Cookies, Condos, Cadillacs, Computers ... And Everything Else.*

Markita ist nicht cleverer und nicht extravertierter als Tausende anderer Menschen, jung und alt, die eigene Träume haben. Der Unterschied ist, daß Markita das Geheimnis des Verkaufens entdeckt hat: Frag, frag, frag! Viele Menschen scheitern, bevor sie überhaupt begonnen haben, weil sie darin versagen, darum zu bitten, was sie wollen. Die Angst vor Zurückweisung bringt viele von uns dazu, uns selbst und unsere Träume zurückzuweisen, lange bevor jemand anders jemals eine Chance hat – egal, was wir verkaufen.

Und jeder verkauft etwas. »Man verkauft sich selbst jeden Tag – in der Schule, gegenüber dem Chef, gegenüber neuen Leuten, die man trifft«, sagte Markita mit vierzehn. »Meine Mutter ist Kellnerin. Sie verkauft das Tagesgericht. Bürgermeister und Präsidenten, die versuchen Stimmen zu bekommen, verkaufen. Eine meiner Lieblingslehrerinnen war Mrs. Chapin. Sie machte Geographie interessant, und das ist eigentlich verkaufen. Ich sehe dieses Verkaufen überall. Verkaufen ist Teil der Welt.«

Es braucht Mut, darum zu bitten, was man will. Mut ist nicht die Abwesenheit von Angst. Es ist, trotz der Angst zu tun, was nötig ist. Und, wie Markita entdeckte, je öfter man bittet, um so leichter (und lustiger) wird es.

Einmal, in einer Live-Sendung im Fernsehen, beschloß der Produzent, Markita auf die härteste Probe zu stellen. Markita wurde gebeten, Girl-Scout-Kekse an einen anderen Gast der Show zu verkaufen. »Würden Sie in ein oder zwei Dutzend Schachteln Girl-Scout-Kekse investieren?« fragte sie.

»Girl-Scout-Kekse?! Ich kaufe keine Girl-Scout-Kekse!« antwortete er. »Ich bin Direktor einer Bundesstrafanstalt. Ich bringe jede Nacht zweitausend Vergewaltiger, Einbrecher, Kriminelle, Straßenräuber und Kinderschänder ins Bett.«

Unerschütterlich entgegnete Markita schnell: »Mister, wenn Sie ein paar dieser Kekse nehmen würden, wären Sie vielleicht nicht mehr so gemein und wütend und böse. Und, Mister, ich glaube, es wäre auch eine gute Idee, ein paar dieser Kekse für jeden ihrer zweitausend Gefangenen mitzunehmen.«

Markita fragte.

Der Direktor schrieb einen Scheck.

Jack Canfield und Mark V. Hansen

Hat die Erde für dich gebebt?

Die elf Jahre alte Angela litt an einer lähmenden Krankheit, die ihr Nervensystem befallen hatte. Sie war unfähig zu gehen, und ihre Bewegungsfreiheit war auch auf andere Weise eingeschränkt. Die Ärzte machten ihr nicht viel Hoffnung, daß sie sich jemals von der Krankheit erholen könnte. Sie sagten voraus, daß sie den Rest ihres Lebens im Rollstuhl verbringen würde. Sie sagten, daß wenige, wenn überhaupt, nach einer solchen Erkrankung einen normalen Zustand wiederherstellen könnten. Das junge Mädchen war nicht entmutigt. Wie sie da in ihrem Krankenhausbett lag, gelobte sie jedem, der es hören wollte, daß sie bestimmt eines Tages wieder gehen können würde.

Sie wurde in eine spezialisierte Rehabilitationsklinik in die Gegend um San Francisco Bay überwiesen. Jede nur mögliche, auf ihren Fall anwendbare Therapie wurde genutzt. Die Therapeuten waren von ihrem unbesiegbaren Geist bezaubert. Sie lehrten sie die *Imagination* – sich selbst gehen zu sehen. Wenn es auch nicht helfen würde, so würde es ihr wenigstens Hoffnung geben, und sie hätte in den langen wachen Stunden in ihrem Bett etwas zu tun. Angela arbeitete so hart wie möglich in der physikalischen Therapie, im Bewegungsbad und bei Übungsbehandlungen. Aber sie arbeitete genauso hart, wenn sie dalag und vertrauensvoll ihre Imagination übte und visualisierte, wie sie sich bewegte, bewegte, bewegte!

Eines Tages, als sie mit aller Kraft übte, sich vorzustellen, wie sich ihre Beine wieder bewegten, schien es, als ob ein Wunder geschah. Das Bett bewegte sich! Es begann, sich im Zimmer umherzubewegen! Sie schrie: »Seht, was ich mache! Seht! Seht! Ich kann es! Ich habe mich bewegt, ich habe mich *bewegt*!«

Natürlich schrie jeder im Krankenhaus in diesem Augenblick und rannte, um Schutz zu suchen. Menschen schrien, Gegenstände fielen um, und Glas zerbrach. Es war nämlich das letzte Erdbeben in San Francisco. Aber sagen Sie es nicht Angela. Sie ist überzeugt, daß sie es war. Und jetzt, nur ein paar Jahre später, geht sie wieder in die Schule. Auf ihren eigenen zwei Beinen. Ohne Krücken, ohne Rollstuhl. Sie sehen, jemand, der die Erde zwischen San Francisco und Oakland zum Beben bringt, kann auch eine lächerliche kleine Krankheit besiegen, nicht wahr?

Hanoch McCarty

Tommys Autoaufkleber

Ein kleiner Junge kam in unsere Kirche in Huntington Beach zu mir, nachdem er mich über die Kinderbank hatte sprechen hören. Er schüttelte meine Hand und sagte: »Mein Name ist Tommy Tighe, ich bin sechs Jahre alt, und ich möchte Geld von Ihrer Kinderbank leihen.«

»Tommy«, sagte ich, »es gehört zu meinen Zielen, Geld an Kinder zu verleihen. Und bis jetzt haben es alle Kinder zurückgezahlt. Wofür brauchst du es?«

Er sagte: »Seit ich vier war, hatte ich eine Vision, daß ich Frieden in der Welt stiften könnte. Ich möchte einen Aufkleber machen, auf dem steht: ›FRIEDEN, BITTE! TUT ES FÜR UNS KINDER‹, unterschrieben mit ›Tommy‹.«

»Das kann ich unterstützen«, sagte ich. Er brauchte 454 Dollar, um tausend Autoaufkleber zu produzieren. Die Stiftung *Mark Victor Hansens Children's Free Enterprise* stellte einen Scheck an den Drucker aus, der die Autoaufkleber druckte.

Tommys Vater flüsterte mir ins Ohr: »Wenn er das Darlehen nicht zurückzahlt, pfänden Sie dann sein Fahrrad?«

Ich sagte: »Nein, glücklicherweise kommt jedes Kind mit Ehrlichkeit, Moralität und Ethik auf die Welt. Man muß sie etwas anderes lehren. Ich glaube, er wird es zurückzahlen.« Wenn man ein Kind über neun hat, lasse man es für Geld arbeiten, für jemanden, der ehrlich ist und moralische Werte hat, so lernen sie das Prinzip frühzeitig.

Wir gaben Tommy eine Kopie all meiner Kassetten, und er hörte sich jede 21mal an und nahm das Material in Besitz. Es heißt dort: »Beginne mit dem Verkaufen immer an der Spitze.« Tommy überredete seinen Vater, ihn zu Ronald Reagans Wohnsitz zu fahren. Tommy klingelte, und der Pförtner kam heraus. Tommy gab eine zweiminütige, unwiderstehliche Verkaufspräsentation seines Autoaufklebers zum besten. Der Pförtner griff in sein Tasche, gab Tommy 1 Dollar 50 Cent und sagte: »Hier, ich nehme einen. Warte, und ich hole den ehemaligen Präsidenten.«

Ich fragte: »Warum hast du ihn gebeten, einen zu kaufen?« Er sagte: »Sie haben auf der Kassette gesagt, man sollte jeden bitten zu kaufen.« Ich sagte: »Das habe ich. Ich bin schuld.«

Er schickte einen Autoaufkleber und eine Rechnung über 1,50 $ an Michail Gorbatschow. Gorbatschow schickte ihm 1,50 $ zurück und ein Bild, auf dem stand: »Gehe voran für den Frieden, Tommy«, mit der Unterschrift »Michail Gorbatschow, Präsident.«

Weil ich Autogramme sammelte, sagte ich zu Tommy: »Ich gebe dir fünfhundert Dollar für das Autogramm von Michail Gorbatschow.«

Er sagte: »Nein, danke, Mark.«

Ich sagte: »Tommy, mir gehören etliche Unternehmen. Wenn du älter bist, würde ich dich gern bei mir anstellen.«

»Machen Sie Witze?« antwortete er. »Wenn ich älter bin, werde ich Sie anstellen.«

Die Sonntagsausgabe der *Orange County Register* brachte ein Feature über Tommys Geschichte, die Children's Free Enterprise-Bank und mich. Marty Shaw, der Journalist, interviewte Tommy sechs Stunden lang und schrieb ein phänomenales Interview. Marty fragte Tommy, was für einen Einfluß er auf den Weltfrieden zu haben glaube. Tommy sagte: »Ich glaube, ich bin noch nicht alt genug; ich glaube, man muß acht oder neun sein, um alle Kriege in der Welt zu beenden.«

Marty fragte: »Wer sind deine Helden?«

Er sagte: »Mein Vater, George Burns, Wally Joiner

und Mark Victor Hansen.« Tommy hatte einen guten Geschmack bei der Wahl seiner Vorbilder.

Drei Tage später bekam er einen Anruf von der *Hallmark Greeting Card Company*. Ein Franchiseunternehmen von Hallmark hatte ein Telefax von dem Artikel im *Register* geschickt. Sie hatten bald eine Versammlung in San Francisco und wollten Tommy als Sprecher. Immerhin sahen sie, daß Tommy für sich neun Ziele hatte:

1. Nachfragen wegen der Kosten (Baseballkarte zusätzlich).
2. Autoaufkleber drucken lassen.
3. Einen Plan für das Darlehen machen.
4. Herausfinden, wie man es bekanntmacht.
5. Adressen von Führern bekommen.
6. Einen Brief an alle Präsidenten und Führer der anderen Länder schreiben und ihnen allen einen kostenlosen Autoaufkleber schicken.
7. Mit jedem über den Frieden sprechen.
8. Die Zeitung anrufen und über meine Sache reden.
9. Mit der Schule reden.

Hallmark wollte, daß meine Firma, *Look Who's Talking*, Tommy als Sprecher buchte. Während das Gespräch nicht stattfand, weil die zweiwöchige Zwischenzeit zu kurz war, waren die Verhandlungen zwischen Hallmark, mir selbst und Tommy lustig, erhebend und kraftvoll.

Joan Rivers rief Tommy in die Show ihrer Fernsehzentrale. Jemand hatte auch ihr ein Telefax des *Register*-Interviews mit Tommy geschickt.

»Tommy«, sagte Joan, »hier ist Joan Rivers, und ich möchte dich in meiner Fernsehshow haben, die von Millionen gesehen wird.«

»Toll!« sagte Tommy.

»Ich bezahle dir 300 Dollar«, sagte Joan.

»Toll!« sagte Tommy. Weil er wiederholt meine Kassetten gehört und die Kassetten *Verkauf dich reich* beherrschte, setzte er seine Strategie mit Joan fort. »Ich bin erst acht Jahre alt, also kann ich nicht allein kommen. Sie können auch für meine Mutter bezahlen, oder, Joan?«

»Ja!« antwortete Joan.

»Übrigens, ich habe gerade die Show *Lifestyles of the Rich and Famous* gesehen, und da hieß es, man müsse im Trump Plaza wohnen, wenn man in New York ist. Sie können dafür sorgen, oder, Joan?«

»Ja«, antwortete sie.

»In der Show hieß es auch, wenn man in New York ist, müsse man das Empire State Building und die Freiheitsstatue sehen. Sie können uns Karten besorgen, oder?«

»Ja …«

»Toll! Habe ich Ihnen gesagt, daß meine Mutter nicht Auto fährt? Also können wir Ihre Limousine nehmen, oder?«

»Sicher«, sagte Joan.

Tommy ging in die *Joan Rivers Show* und begeisterte Joan, das Kamerateam, das Studio- und Fernsehpublikum. Er sah so nett aus, war so interessant, authentisch und ein großartiger »Selfmademan«. Er erzählte so faszinierende und überzeugende Geschichten, daß die Zuschauer Geld aus ihren Brieftaschen zogen, um auf der Stelle einen Autoaufkleber zu kaufen.

Am Ende der Show beugte sich Joan herüber und sagte: »Tommy, glaubst du wirklich, der Autoaufkleber wird Frieden in der Welt stiften?«

Tommy, enthusiastisch und mit einem strahlenden Lächeln, sagte: »Bis jetzt ist er seit zwei Jahren draußen, und die Mauer in Berlin ist weg. Ich mache es ganz gut, finden Sie nicht?«[1]

Mark V. Hansen

---

[1] Bis heute hat Tommy über 2 500 Autoaufkleber verkauft und sein Darlehen von 454 $ an die Bank der Stiftung Mark Victor Hansens Children's Free Enterprise zurückgezahlt. Wenn Sie einen von Tommys Autoaufklebern bestellen möchten, schicken Sie 3,00 $ an Tommy Tighe, 17283 Ward Street, Fountain Valley, CA 92708.

Wenn du nicht bittest, bekommst du nichts – aber wenn du bittest, bekommst du

Meine Frau Linda und ich wohnen in Miami, Florida. Als wir gerade mit unserem Selbstachtungs-Trainingsprogramm mit dem Namen *Kleine Eichel* begonnen hatten, um Kinder zu lehren, nein zu Drogen, sexueller Promiskuität und anderem selbstzerstörerischen Verhalten zu sagen, erhielten wir eine Broschüre über eine Lehrerkonferenz in San Diego. Als wir die Broschüre lasen und feststellten, daß jeder, der was auf sich hält, da sein würde, wurde uns klar, daß wir auch hinmußten. Aber wir wußten nicht, wie. Wir standen gerade am Beginn, wir arbeiteten von zu Hause und hatten eben unsere persönlichen Ersparnisse in den ersten Phasen der Arbeit erschöpft. Es gab keine Möglichkeit, uns die Flugtickets oder die anderen Ausgaben zu leisten. Aber wir wußten, wir mußten dorthin, also begannen wir zu fragen.

Das erste, was ich tat, war, die Koordination der Konferenz in San Diego anzurufen und zu erklären, warum wir einfach dabeisein mußten, und sie zu bitten, ob sie uns den Eintritt zur Konferenz für uns beide gratis geben würden. Als ich unsere Situation erläuterte, was wir machten und warum wir dabeisein mußten, sagten sie ja. Also hatten

Sätze in dem Schuhkarton, einen Meter unter der Erde. Auch ihre Lehrerin.

An diesem Punkt verkündete Donna: »Jungen und Mädchen, haltet euch an den Händen und neigt eure Köpfe.« Die Schüler gehorchten. Sie bildeten schnell einen Kreis um das Grab und formten eine Kette mit ihren Händen. Sie senkten ihre Köpfe und warteten. Donna hielt die Lobrede.

»Freunde, wir versammeln uns heute, um die Erinnerung an ›Ich kann nicht‹ zu ehren. Während er mit uns auf der Welt war, berührte er das Leben eines jeden, einige mehr als andere. Sein Name wurde unglücklicherweise in jedem öffentlichen Gebäude genannt – Schulen, Rathäusern, Hauptstädten, ja, sogar im Weißen Haus.

Wir haben ›Ich kann nicht‹ eine letzte Ruhestätte gegeben und einen Grabstein, auf dem seine Inschrift steht. Er wird überlebt von seinen Brüdern und Schwestern ›Ich kann‹, ›Ich werde‹ und ›Ich werde sofort‹. Sie sind noch nicht so wohlbekannt wie ihr berühmter Verwandter und sicherlich nicht so stark und machtvoll. Vielleicht werden sie eines Tages mit eurer Hilfe in der Welt ein größeres Zeichen setzen.

Möge ›Ich kann nicht‹ in Frieden ruhen, und möge jeder Anwesende sein Leben in die Hand wir jetzt die Eintrittskarten. Ich sagte Linda, daß wir die Eintrittskarten hätten und zur Konferenz zugelassen wären. Sie sagte: »Großartig! Aber wir sind in Miami, und die Konferenz ist in San Diego. Was tun wir als nächstes?«

Also sagte ich: »Wir brauchen ein Transportmittel.« Ich rief eine Fluggesellschaft an, von der ich wußte, daß sie gerade sehr gut lief, North East Airlines. Die Frau am Telefon stellte sich als Sekretärin des Präsidenten heraus, also sagte ich ihr, was ich benötigte. Sie verband mich direkt mit dem Präsidenten, Steve Quinto. Ich erklärte ihm, daß ich gerade mit den Leuten der Konferenz in San Diego gesprochen hatte und daß sie uns Gratiskarten für die Konferenz gegeben hatten, daß wir aber nicht wußten, wie wir dorthin kommen sollten, und ob er uns bitte zwei Rundreisetickets von Miami nach San Diego spenden könnte. Er sagte. »Natürlich tue ich das«, genau so. Es ging so schnell, und das nächste, was er sagte, warf mich wirklich um. Er sagte: »Danke, daß Sie gefragt haben.«

Ich sagte: »Wie bitte?«

Er sagte: »Ich habe nicht oft Gelegenheit, das Beste für die Welt zu tun, es sei denn, jemand bittet darum. Das Beste, was ich je tun kann, ist, von mir selbst etwas zu geben, und Sie haben mich gebeten, das zu tun. Das ist eine schöne Gelegenheit, und ich möchte Ihnen für diese Gelegenheit danken.« Ich war hin und weg, aber ich dankte ihm und legte auf. Ich sah meine Frau an und sagte: »Schatz, wir haben die Flugtickets.« Sie sagte: »Großartig! Wo wohnen wir?«

Als nächstes rief ich *Holiday Inn Downtown Miami* an und fragte: »Wo ist Ihr Hauptquartier?« Sie sagten mir, es sei in Memphis, Tennessee, also rief ich in Tennessee an, und sie stellten mich zu einer Person durch, mit der ich sprechen mußte. Es war ein Mann in San Francisco. Er hatte die Aufsicht über sämtliche Holiday Inns in Kalifornien. Ich erläuterte ihm dann, daß wir unsere Flugtickets von der Fluggesellschaft erhalten hatten, und fragte, ob es ihm möglich wäre, uns bei der Unterkunft für drei Tage zu helfen. Er fragte, ob es in Ordnung sei, wenn er uns in ihrem neuen Hotel im Zentrum von San Diego als Gäste unterbringen würde. Ich sagte: »Ja, das wäre schön.«

Er sagte dann: »Warten Sie einen Moment. Ich muß Sie warnen, daß das Hotel etwa 35 Fahrtmeilen von dem Campus, wo die Konferenz abgehalten wird, entfernt ist; und Sie müssen herausfinden, wie Sie dahin kommen.«

Ich sagte: »Ich werde es herausfinden, und wenn ich ein Pferd kaufen muß.« Ich dankte ihm, und ich sagte zu Linda: »Also, Schatz, wir haben die Eintrittskarten, wir haben die Flugtickets, und wir haben einen Platz zum Schlafen. Was wir jetzt brauchen, ist etwas, um zweimal am Tag vom Hotel zum Campus und zurück zu kommen.«

Als nächstes rief ich *National Car Rental* an, erzählte ihnen meine Geschichte und fragte, ob sie mir helfen würden. Sie sagten: »Wäre ein neuer Olds 88 in Ordnung?« Ich sagte, das wäre es. An einem Tag hatten wir alles auf die Beine gestellt.

Wir beließen es dabei, unsere Mahlzeiten für einen Teil des Aufenthaltes selbst zu bezahlen, aber bevor die Konferenz zu Ende war, erhob ich mich in einer der Versammlungen, erzählte diese Geschichte und sagte: »Jedem, der uns freiwillig hin und wieder zum Mittagessen mitnimmt, sei herzlich gedankt.«

Etwa fünfzig Leute sprangen auf und meldeten sich freiwillig, also endeten wir damit, daß uns auch ein paar der Mahlzeiten gratis dazugegeben wurden.

Wir hatten eine herrliche Zeit, lernten viel und bekamen Kontakt zu Menschen wie Jack Canfield, der immer noch in unserem Beirat sitzt. Als wir zurückkamen, führten wir das Programm ein, und es wächst jedes Jahr um hundert Prozent. Im vergangenen Juni hat die 2250. Familie unser *Kleine-Eichel*-Training abgeschlossen. Wir haben auch zwei

Hauptkonferenzen für Lehrer unter dem Namen *Making the World Safe for Children* abgehalten, zu der wir Menschen aus aller Welt eingeladen haben. Tausende von Lehrern sind gekommen, um Anregungen zu erhalten, wie sie Selbstachtung in ihren Klassenzimmern trainieren können, während sie weiterhin die drei R lehren.

Das letzte Mal, als wir die Schirmherrschaft über die Konferenz hatten, luden wir Lehrer aus 81 Nationen ein. 17 Nationen sandten Repräsentanten, einschließlich einiger Bildungsminister. Daraus erwuchsen für uns Einladungen, unser Programm in den folgenden Orten auszuführen: Rußland, der Ukraine, Weißrußland, Kasachstan, der Mongolei, Taiwan, den Cook-Inseln und Neuseeland.

Sie sehen also, man kann alles bekommen, wenn man nur genug Leute bittet.

Rick Gelinas

Rick Littles Suche

Um fünf Uhr morgens schlief Rick Little am Steuer seines Autos ein, raste über eine drei Meter hohe Böschung und prallte an einen Baum. Er verbrachte die nächsten sechs Monate mit einem gebrochenen Rücken in einem Streckverband. Rick fand viel Zeit, gründlich über sein Leben nachzudenken – etwas, worauf ihn die dreizehn Jahre seiner Schulausbildung nicht vorbereitet hatten. Nur zwei Wochen nachdem er aus dem Krankenhaus entlassen worden war, kam er nach Hause und fand seine Mutter halb bewußtlos von einer Überdosis Schlaftabletten auf dem Boden liegen. Rick wurde einmal mehr mit der Unzulänglichkeit seiner formalen Ausbildung in der Vorbereitung auf die sozialen und emotionalen Fragen seines Lebens konfrontiert.

Während der folgenden Monate begann Rick, eine Idee zu formulieren – die Entwicklung eines Kurses, der die Schüler mit hoher Selbstachtung, Beziehungsfähigkeit und Fähigkeiten zur Konfliktlösung ausstatten würde. Als Rick darüber nachzuforschen begann, was ein solcher Kurs enthalten sollte, stieß er auf eine Studie des National Institute of Education, in der 1000 Dreißigjährige gefragt worden waren, ob sie das Gefühl hätten, daß ihre High-School-Ausbildung sie mit den für die wirkliche Welt nötigen Fähigkeiten ausgerüstet habe. Über achtzig Prozent antworteten: »Überhaupt nicht.«

Diese Dreißigjährigen wurden auch über ihre Wünsche befragt, welche Fähigkeiten sie gerne gelernt hätten. Die am häufigsten genannten Antworten betrafen Beziehungsfähigkeiten. Wie man besser mit den Menschen zurechtkommt, mit denen man lebt. Wie man einen Arbeitsplatz findet und behält. Wie man mit Konflikten umgeht. Wie man eine gute Mutter oder ein guter Vater wird. Wie man die normale Entwicklung eines Kindes versteht. Wie man mit finanziellen Dingen umgeht. Und wie man die Bedeutung des Lebens erahnt.

Inspiriert durch seine Vision, eine Klasse zu schaffen, in der diese Fragen gelehrt werden könnten, brach Rick sein College-Studium ab und fuhr durchs ganze Land, um Schüler in den High-Schools zu befragen. Auf seiner Suche nach Informationen darüber, was in dem Kurs enthalten sein müßte, befragte er über 2000 Schüler in 120 High-Schools über dieselben zwei Punkte:

1. Wenn du ein Programm für deine High-School entwickeln solltest, das dir bei der Bewältigung der Anforderungen helfen soll, die jetzt und in der Zukunft auf dich zukommen, was würde dieses Programm beinhalten?
2. Liste die zehn wichtigsten Punkte in deinem Leben auf, für die du dir wünschst, daß sie zu Hause und in der Schule besser behandelt werden.

Ob die Schüler von wohlhabenden Privatschulen

oder aus Innenstadtgettos stammten, vom Land oder aus der Stadt, die Antworten waren überraschenderweise die gleichen. Einsamkeit und Sich-selbst-nicht-Mögen führten die Liste der Probleme an. Auch hatten alle Schüler die gleiche Liste von Fähigkeiten, die sie zu lernen wünschten, wie diejenigen, die von den Dreißigjährigen zusammengetragen wurden.

Rick schlief zwei Monate lang in seinem Auto und lebte insgesamt von sechzig Dollar. An den meisten Tagen aß er Erdnußbutter auf Crackern. An einigen Tagen aß er gar nichts. Rick hatte geringe Reserven, aber er war seinem Traum verpflichtet.

Sein nächster Schritt war, eine Liste der Spitzenlehrer und führenden Berater und Psychologen der ganzen Nation aufzustellen. Er machte sich auf, jeden auf seiner Liste zu besuchen, um sie um ihre Sachkenntnis und Unterstützung zu bitten. Obwohl sie von seiner Verhaltensweise beeindruckt waren – Schüler direkt zu fragen, was sie lernen wollten –, boten sie doch wenig Hilfe an. »Du bist zu jung. Geh zurück aufs College. Mach einen Abschluß. Mach ein Graduiertenstudium, dann kannst du dies weiterverfolgen.« Sie waren nicht gerade ermutigend.

Doch Rick ließ sich nicht beirren. Um die Zeit, als er zwanzig wurde, hatte er sein Auto und seine Kleidung verkauft, von Freunden Geld geliehen und damit 32 000 Dollar Schulden. Jemand schlug vor, zu einer Stiftung zu gehen und um Geld zu bitten.

Sein erster Termin bei einer öffentlichen Stiftung war eine große Enttäuschung. Als er in das Büro ging, zitterte Rick buchstäblich vor Angst. Der Vizepräsident der Stiftung war ein großer, dunkelhaariger Mann mit einem kalten, ernsten Gesicht. Eine halbe Stunde lang saß er da, ohne ein Wort zu sagen, während Rick ihm sein Herz ausschüttete über seine Mutter, über die zweitausend Kinder und die Pläne für einen neuen Kurs für High-School-Kinder.

Als er fertig war, schob der Vizepräsident einen Stapel Ordner von sich. »Mein Junge«, sagte er, »ich bin hier seit fast zwanzig Jahren. Wir haben all diese Lehrprogramme finanziell unterstützt. Und sie sind alle mißlungen. Deines wird auch mißlingen. Die Gründe? Sie sind offensichtlich. Du bist zwanzig Jahre alt, du hast keine Erfahrung, kein Geld, keinen College-Abschluß. Nichts!«

Als er das Büro der Stiftung verließ, gelobte Rick, diesen Mann zu widerlegen. Rick begann eine Untersuchung über Stiftungen, die interessiert waren, Projekte für Teenager zu finanzieren. Er verbrachte dann Monate damit, Anträge auf

Zuschüsse zu schreiben – er arbeitete von frühmorgens an bis spät in die Nacht hinein. Rick arbeitete über ein Jahr lang mühsam daran, Anträge auf Zuschüsse zu schreiben, jeder sorgfältig auf die Interessen und Erfordernisse der einzelnen Stiftungen zugeschnitten. Jeder wurde mit großer Hoffnung abgeschickt, und jeder kam zurück – abgelehnt. Antrag auf Antrag wurde abgeschickt und abgewiesen. Schließlich, nachdem der 155. Antrag abgelehnt worden war, begann Ricks gesamte Unterstützung zu wanken. Ricks Eltern baten ihn, zurück aufs College zu gehen, und Ken Greene, ein Lehrer, der seine Tätigkeit aufgegeben hatte, um Rick beim Schreiben der Anträge zu helfen, sagte: »Rick, ich habe kein Geld mehr übrig, und ich muß für eine Frau und Kinder sorgen. Ich werde noch einen Antrag abwarten. Aber wenn es eine Ablehnung ist, muß ich nach Toledo und zu meiner Lehrarbeit zurück.«

Rick hatte eine letzte Chance. Von Verzweiflung und Überzeugung mobilisiert, schaffte er es, sich an etlichen Sekretärinnen vorbeizureden, und er sicherte sich einen Termin zum Mittagessen mit Dr. Russ Mawby, dem Präsidenten der Kellog-Stiftung. Auf ihrem Weg zum Mittagessen kamen sie an einem Eisstand vorüber. »Möchtest du eines?« fragte Mawby. Rick nickte. Aber seine

Ängstlichkeit machte ihm sehr zu schaffen. Er zerdrückte die Eistüte in der Hand, und er machte einen verstohlenen, aber hektischen Versuch, das Schokoladeneis, das zwischen seinen Fingern zerlief, abzuschütteln, bevor Dr. Mawby es bemerken würde. Aber Dr. Mawby bemerkte es und brach in Gelächter aus; er ging zu dem Händler zurück und brachte Rick ein Bündel Servietten.

Der junge Mann stieg ins Auto, mit rotem Gesicht und elendem Gefühl. Wie konnte er die Finanzierung eines neuen Lehrprogramms erbitten, wenn er noch nicht einmal mit einer Eistüte umgehen konnte?

Zwei Wochen später rief Mawby an. »Du hast um 55 000 Dollar gebeten. Es tut uns leid, aber der Vorstand stimmte dagegen.« Rick fühlte Tränen in seine Augen aufsteigen. Zwei Jahre lang hatte er für einen Traum gearbeitet, der jetzt zunichte gemacht wurde.

»Jedoch«, sagte Mawby, »hat der Vorstand einstimmig *dafür* gestimmt, dir 130 000 Dollar zu geben.«

Dann kamen die Tränen. Rick konnte kaum ein Danke stammeln.

Seit dieser Zeit hat Rick Little über hundert Millionen Dollar aufgebracht, um seinen Traum zu finanzieren. Die Quest-Skills-Programme werden zur Zeit in über 30 000 Schulen in allen 50 Staaten und 32 Ländern gelehrt. Drei Millionen Kindern pro Jahr werden wichtige Fähigkeiten des Lebens gelehrt, weil ein 19jähriger sich weigerte, »nein« als Antwort zu akzeptieren.

Im Jahr 1989 erweiterte Rick Little aufgrund seines unglaublichen Erfolgs seinen Traum; ihm wurden 65 Millionen Dollar bewilligt, der zweitgrößte Zuschuß, der jemals in der US-amerikanischen Geschichte vergeben wurde, um die International Youth Federation zu gründen. Zweck dieser Stiftung ist es, erfolgreiche Jugendprogramme in aller Welt zu finden und auszuweiten. Rick Littles Leben ist ein Zeugnis für die Kraft der Verpflichtung an eine große Vision, gepaart mit einem Willen, weiter zu fragen, bis man den Traum verwirklicht hat.

Peggy Mann

Der Zauber des Glaubens

Ich bin nicht alt genug, um Baseball oder Football zu spielen. Ich bin noch nicht acht. Meine Mom sagte mir, wenn du anfängst mit Baseball, wirst du nicht fähig sein, so schnell zu laufen, weil du eine

Operation hattest. Ich sagte Mom, ich würde nicht so schnell zu laufen brauchen. Wenn ich Baseball spiele, werde ich sie einfach aus dem Spielfeld hinausschlagen. Dann werde ich gehen können.

Edward J. McGrath junior

Glennas Zielebuch

Im Jahre 1977 war ich alleinerziehende Mutter mit drei kleinen Töchtern. Ich hatte Abzahlungsraten für das Haus und für das Auto zu bestreiten, und ich hatte das Bedürfnis, einige Träume wiederzuerwecken.

Eines Abends besuchte ich ein Seminar und hörte einen Mann über das Prinzip J x V = R sprechen *(Imagination mit Vitalität kombiniert wird zu Realität).* Der Sprecher wies darauf hin, daß der Geist in Bildern denkt, nicht in Worten. Und wenn wir uns im Geiste lebhaft vorstellen, was wir uns wünschen, wird es Realität.

Diese Vorstellung brachte eine kreative Saite in mir zum Schwingen. Ich kannte die biblische Wahrheit, daß der Herr »geben wird, was dein Herz wünscht« (Psalm 37.4), und »wie der Mensch von Herzen denkt, so ist er« (Sprüche 23.7).

Ich war entschlossen, meine geschriebene Liste von Gebeten zu nehmen und sie in Bilder zu verwandeln. Ich begann, alte Zeitschriften zu zerschneiden und Bilder zu sammeln, die darstellten, »was mein Herz wünschte«. Ich ordnete sie in ein teures Fotoalbum und wartete gespannt.

Ich war sehr genau mit meinen Bildern. Sie umfaßten:

1. Einen gutaussehenden Mann;
2. eine Frau in einem Brautkleid und einen Mann in einem Smoking;
3. Blumenbuketts (ich bin romantisch);
4. schönen Diamantschmuck (ich dachte mir, daß Gott David und Salomon liebte, und sie waren zwei der reichsten Männer, die je gelebt haben);
5. eine Insel in der funkelnden blauen Karibik;
6. ein schönes Heim;
7. neue Möbel;
8. eine Frau, die gerade Vizepräsidentin einer großen Gesellschaft geworden war (ich arbeitete für eine Firma, in der es keine weiblichen Funktionäre gab. Ich wollte die erste Vizepräsidentin in dieser Firma sein).

Etwa acht Wochen später fuhr ich auf einem kalifornischen Freeway und war an diesem Morgen um 10.30 Uhr mit meinen eigenen Angelegenheiten beschäftigt. Plötzlich fuhr ein hinreißender roter und weißer Cadillac an mir vorbei. Ich sah das Auto an, weil es ein schönes Auto war. Und der Fahrer sah mich an und lächelte, und ich lächelte zurück, weil ich immer lächle. Nun war ich in großen Schwierigkeiten. Haben Sie das jemals getan? Ich versuchte so zu tun, als wenn ich nicht geguckt hätte: »Wer? Ich? Ich habe Sie nicht angesehen!« Er folgte mir die nächsten 15 Meilen – erschreckte mich zu Tode! Ich fuhr ein paar Meilen, er fuhr ein paar Meilen. Ich parkte, er parkte … und schließlich heiratete ich ihn!

Am ersten Tag nach unserer ersten Verabredung schickte mir Jim ein Dutzend Rosen. Dann fand ich heraus, daß er ein Hobby hatte. Sein Hobby war, Diamanten zu sammeln. Große! Er war auf der Suche nach jemandem, den er schmücken könnte. Ich meldete mich freiwillig! Wir trafen uns zwei Jahre lang, und jeden Montagmorgen bekam ich eine langstielige Rose und ein Liebesbriefchen.

Ungefähr drei Monate bevor wir heirateten, sagte Jim zu mir: »Ich habe einen perfekten Ort für unsere Hochzeitsreise gefunden. Wir werden auf die St.-John's-Insel in die Karibik reisen!« Ich sagte lachend: »Darauf wäre ich nie gekommen!«

Ich habe Jim die Wahrheit über mein Bilderbuch nicht gestanden, bis Jim und ich fast ein Jahr verheiratet waren. Es war zu der Zeit, als wir in unser hinreißendes neues Haus zogen und es mit den eleganten Möbeln einrichteten, die ich mir vorgestellt hatte. (Wie sich herausstellte, war Jim Großhändler für die Westküste eines der besten Möbelhersteller im Osten der USA.)

Übrigens fand die Hochzeit in Laguna Beach, Kalifornien, statt und beinhaltete das Brautkleid und den Smoking als Realität. Acht Monate nachdem ich mein Traumbuch gemacht hatte, wurde ich Vizepräsidentin für das Ressort Personalkapazität in der Firma, in der ich arbeitete.

In gewisser Weise klingt dies wie ein Märchen, aber es ist absolut wahr. Jim und ich haben viele »Bilderbücher« gemacht, seit wir verheiratet sind. Gott füllt unser Leben mit Zeichen dafür, daß diese machtvollen Prinzipien wirken.

Entscheide, was du in jedem Bereich deines Lebens willst. Stelle es dir lebhaft vor. Dann handle nach deinem Verlangen, indem du tatsächlich ein persönliches Zielebuch anlegst. Verwandle deine Ideen durch diese einfache Übung in konkrete Realität. Es gibt keine unmöglichen Träume. Und denke daran, Gott hat versprochen, Seinen Kindern zu geben, was ihr Herz sich wünscht.

Glenna Salsbury

Noch ein Häkchen auf der Liste

Eines regnerischen Nachmittags saß ein inspirierter 15jähriger Junge namens John Goddard an seinem Küchentisch in Los Angeles und schrieb zwei Worte oben auf einen gelben Schreibblock: »Meine Lebensliste.« Unter dieser Überschrift schrieb er 127 Ziele auf. Seitdem hat er 108 dieser Ziele erreicht. Sehen Sie sich die Liste von Goddards Zielen an, die unten aufgeführt ist. Es handelt sich nicht um einfache oder leichte Ziele. Sie umfassen u. a., die höchsten Berge zu besteigen, gewaltige Flüsse zu erforschen, eine Meile in fünf Minuten zu laufen, die gesammelten Werke Shakespeares und die gesamte *Encyclopedia Britannica* zu lesen.

Erforschen:

✓ 1. Nil
✓ 2. Amazonas
✓ 3. Kongo
✓ 4. Colorado River
 5. Jangtse, China
 6. Niger
 7. Orinoco, Venezuela
✓ 8. Rio Coco, Nicaragua

Primitive Kulturen studieren in:

✓ 9. Kongo

✓ 10. Neuguinea
✓ 11. Brasilien
✓ 12. Borneo
✓ 13. Sudan (John wurde in einem Sandsturm fast lebendig begraben)
✓ 14. Australien
✓ 15. Kenia
✓ 16. Philippinen
✓ 17. Tansania
✓ 18. Äthiopien
✓ 19. Nigeria
✓ 20. Alaska

Besteigen:

21. Mount Everest
22. Aconcagua, Argentinien
23. Mount McKinley
✓ 24. Huascaran, Peru
✓ 25. Kilimandscharo
✓ 26. Ararat, Türkei
✓ 27. Mount Kenia
✓ 28. Mount Cook, Neuseeland
✓ 29. Popocatepetl, Mexiko
✓ 30. Matterhorn
✓ 31. Rainier
✓ 32. Fuji
✓ 33. Vesuv
✓ 34. Bromo, Java

✓ 35. Grand Tetons
✓ 36. Mount Baldy, Kalifornien

Diverses:

✓ 37. Eine Laufbahn in Medizin einschlagen und Entdeckungen machen (studierte Einführungskurse in Medizin und behandelte Krankheiten in primitiven Stämmen)
38. Jedes Land der Welt bereisen (dreißig übrig)
✓ 39. Navajo- und Hopi-Indianer studieren
✓ 40. Lernen, ein Flugzeug zu fliegen
✓ 41. In der Rose Parade ein Pferd reiten

Fotografieren:

✓ 42. Iguacufälle, Brasilien
✓ 43. Victoriafälle, Simbabwe (dabei von einem Warzenschwein gejagt)
✓ 44. Sutherlandfälle, Neuseeland
✓ 45. Yosemitefälle
✓ 46. Niagarafälle
✓ 47. Reisen auf den Spuren von Marco Polo und Alexander dem Großen

Unterwasserexpeditionen:

✓ 48. Korallenriff von Florida
✓ 49. Great Barrier-Riff, Australien (fotografierte eine 300-Pfund-Venusmuschel)
✓ 50. Rotes Meer
✓ 51. Fiji-Inseln
✓ 52. Bahamas

✓ 53. Okefenokeesumpf und Everglades

Bereisen:

54. Nord- und Südpol
✓ 55. Chinesische Mauer
✓ 56. Panama- und Suezkanal
✓ 57. Osterinseln
✓ 58. Galapagosinseln
✓ 59. Vatikan-Stadt (Papst gesehen)
✓ 60. Taj Mahal
✓ 61. Eiffelturm
✓ 62. Blaue Grotte
✓ 63. Tower von London
✓ 64. Schiefer Turm von Pisa
✓ 65. Heilige Quelle von Chichen-Itza, Mexiko
✓ 66. Ayers Rock, Australien, besteigen
67. Jordanfluß entlangfahren vom See Genezareth bis zum Toten Meer.

Schwimmen im:

✓ 68. Victoriasee
✓ 69. Superiorsee
✓ 70. Tanganjikasee
✓ 71. Titicacasee, Südamerika
✓ 72. Nicaraguasee

Schaffen:

✓ 73. Pfadfinder der Eagles werden
✓ 74. In einem Unterseeboot tauchen
✓ 75. Auf einem Flugzeugträger landen und abheben

✓ 76. In einem Luftschiff, einem Heißluftballon und einem Segelflugzeug fliegen
✓ 77. Auf einem Elefanten, einem Kamel, einem Vogel Strauß und einem Mustang reiten
✓ 78. Bis zu zwölf Meter tief tauchen und unter Wasser zweieinhalb Minuten die Luft anhalten
✓ 79. Einen zehnpfündigen Hummer und eine zehn Zoll große Molluske fangen
✓ 80. Flöte u. Violine spielen
✓ 81. Fünfzig Wörter pro Minute tippen
✓ 82. Einen Fallschirmsprung machen
✓ 83. Wasserski- und Skifahren lernen
✓ 84. Auf eine Mission gehen
✓ 85. Den Spuren von John Muir[1] folgen
✓ 86. Medizin der Ureinwohner studieren und Nützliches mit nach Hause bringen
✓ 87. Fotos schießen von: Elefant, Löwe, Rhinozeros, Gepard, Kaffernbüffel und Wal
✓ 88. Fechten lernen
✓ 89. Jiu-Jitsu lernen
✓ 90. Einen College-Kurs geben
✓ 91. Eine Leichenverbrennungszeremonie in Bali ansehen
✓ 92. Die Tiefen des Meeres erforschen
93. In einem Tarzanfilm auftreten (er betrach-

---

[1] Amerikanischer Naturforscher, 1838–1914

tet dies jetzt als irrelevanten Jugendtraum.)

94. Ein Pferd, einen Schimpansen, Geparden, Ozelot und Kojoten besitzen (Schimpanse und Gepard fehlen noch)

95. Ein Amateurradiosprecher werden

✓ 96. Ein eigenes Teleskop bauen

✓ 97. Ein Buch schreiben (über die Nilreise)

✓ 98. Einen Artikel im *National Geographic* veröffentlichen

✓ 99. Hochsprung: 1,50 Meter

✓ 100. Weitsprung: 4,50 Meter

✓ 101. Eine Meile laufen in fünf Minuten

✓ 102. 175 Pfund ohne Kleidung wiegen (immer noch)

✓ 103. Zweihundertmal aus der Rückenlage aufsetzen und zwanzig Klimmzüge machen

✓ 104. Französisch, Spanisch und Arabisch lernen

105. Drachenechsen auf der Komodoinsel studieren (Boot brach zwanzig Meilen vor der Insel auseinander)

✓ 106. Geburtsort von Großvater Sörensen in Dänemark besichtigen

✓ 107. Geburtsort von Großvater Goddard in England besichtigen

✓ 108. Auf einem Frachter als Seemann mitfahren

✓ 109. Die ganze *Encyclopedia Britannica* lesen (hat umfangreiche Abschnitte in jedem Band gelesen)

✓ 110. Die Bibel von vorn bis hinten lesen
✓ 111. Die Werke von Shakespeare, Platon, Aristoteles, Dickens, Thoreau, Poe, Rousseau, Bacon, Hemingway, Twain, Burroughs, Conrad, Talmage, Tolstoi, Longfellow, Keats, Whittier und Emerson lesen (nicht jedes Werk von allen)
✓ 112. Vertraut werden mit den Kompositionen von Bach, Beethoven, Debussy, Ibert, Mendelssohn, Lalo, Rimskij-Korsakow, Respighi, Liszt, Rachmaninoff, Strawinsky, Toch, Tschaikowski, Verdi
✓ 113. Fähig im Gebrauch von: Flugzeug, Motorrad, Traktor, Surfbrett, Gewehr, Pistole, Kanu, Mikroskop, Fußball, Basketball, Pfeil und Bogen, Lasso und Bumerang
✓ 114. Musik komponieren
✓ 115. *Clair de Lune* auf dem Klavier spielen
✓ 116. Feuerlaufzeremonie ansehen (In Bali und Surinam)
✓ 117. Eine Giftschlange melken (während des Fotografierens von einer Klapperschlange gebissen)
✓ 118. Ein Streichholz mit einem 22er-Gewehr anzünden
✓ 119. Ein Filmstudio besichtigen
✓ 120. Cheopspyramide besteigen
✓ 121. Mitglied des Entdeckerclubs und des Abenteurerclubs werden

✓ 122. Polo spielen lernen
✓ 123. Durch den Grand Canyon zu Fuß und per Boot reisen
✓ 124. Die Welt umfahren (viermal)
✓ 125. Zum Mond fliegen (»eines Tages, so Gott will«)
✓ 126. Heiraten und Kinder haben (hat fünf Kinder)
127. Das 21. Jahrhundert erleben(er wird 75 sein)

John Goddard

Paßt auf, Schätzchen, ich bin euer Lover

Es ist besser, auf eine Gelegenheit vorbereitet zu sein und keine zu haben, als eine Gelegenheit zu haben und nicht darauf vorbereitet zu sein.

Whitney Young junior

Les Brown und sein Zwillingsbruder wurden kurz nach ihrer Geburt in einem von Armut geprägten Gebiet in Miami von Mamie Brown, einer Küchenhilfe und Dienstmagd, adoptiert.

Wegen seiner Hyperaktivität wurde Les während

seiner Schulzeit in Sonderklassen für Behinderte untergebracht. Nach dem Abschluß wurde er Arbeiter bei der Stadtreinigung in Miami Beach. Aber er hatte den Traum, Diskjockey zu werden.

Nachts nahm er ein Transistorradio mit ins Bett und hörte den örtlichen, wortgewandten DJs zu. Er schuf sich eine imaginäre Radiostation in seinem kleinen Zimmer mit seinem rissigen Vinylfußboden. Eine Haarbürste diente als Mikrophon, wenn er seine Sprüche übte und seinen geisterhaften Zuhörern Platten vorstellte.

Seine Mutter und sein Bruder konnten ihn durch die dünnen Wände hören und brüllten ihn an, mit dem Gerede aufzuhören und schlafen zu gehen. Aber Les hörte nicht auf sie. Er war in seine eigene Welt eingehüllt; er lebte in einem Traum.

Eines Tages ging Les während seiner Mittagspause, nachdem er für die Stadt Rasen gemäht hatte, kühn zu der örtlichen Radiostation. Er kam bis zum Büro des Sendeleiters und erzählte ihm, daß er Diskjockey werden wollte.

Der Leiter beäugte diesen zerzausten jungen Mann im Overall und Strohhut und fragte: »Haben Sie Erfahrung im Rundfunk?«

Les erwiderte: »Nein, Sir, habe ich nicht.«

»Nun, mein Junge, es tut mir leid, aber dann haben wir keinen Job für Sie.« Les dankte ihm höflich und ging. Der Sendeleiter nahm an, daß er diesen jungen Mann nicht wiedersehen würde.

Doch er unterschätzte, wie tief Les Brown seinem Ziel verbunden war. Les hatte nämlich eine größere Absicht, als einfach nur Diskjockey zu werden. Er wollte ein schönes Haus für seine Adoptivmutter kaufen, die er sehr liebte. Die Arbeit als Diskjockey war nur ein Schritt auf sein Ziel zu.

Mamie Brown hatte Les gelehrt, seine Ziele zu verfolgen, also war er trotz der Absage des Sendeleiters sicher, daß er einen Job bei dieser Radiostation bekommen würde.

Und so ging Les eine Woche lang jeden Tag wieder zu der Radiostation und fragte, ob es irgendwelche freie Stellen gab. Schließlich gab der Sendeleiter nach und stellte ihn als Botenjungen ein – ohne Bezahlung. Zunächst brachte er Kaffee oder holte das Mittag- und Abendessen für die DJs ab, die das Studio nicht verlassen konnten. Schließlich gewann er mit seiner Begeisterung für ihre Arbeit das Vertrauen der Diskjockeys, die ihn in ihren Cadillacs losschickten, um berühmte Gäste wie die Temptations und Diana Ross und die Supremes abzuholen. Kaum einer von ihnen wußte, daß der junge Les keinen Führerschein hatte.

Les tat alles, worum er in der Station gebeten wurde – und mehr. Während er bei den Diskjokkeys herumstand, brachte er sich selbst ihre Handbewegungen auf dem Mischpult bei. Er blieb in den Kontrollräumen und saugte alles auf, was er konnte, bis sie ihn baten zu gehen. Dann, nachts in seinem Schlafzimmer, übte er und bereitete sich auf die Gelegenheit vor, von der er wußte, daß sie sich bald ergeben würde.

Eines Samstagnachmittags, als Les in der Station war, trank ein Diskjockey namens Rock, während er auf Sendung war. Les war als einziger noch im Gebäude und bemerkte, daß Rock mit seinem Trinken auf Schwierigkeiten zusteuerte. Les blieb in der Nähe. Er ging vor dem Fenster in Rocks Kabine auf und ab. Beim Herumgehen sagte er zu sich selbst: »Trink, Rock, trink!«

Les wartete sehnsüchtig, und er war bereit. Er wäre auf die Straße gelaufen, um mehr Alkohol zu holen, wenn Rock darum gebeten hätte. Als das Telefon klingelte, stürzte er sich darauf. Es war der Sendeleiter, wie Les sich bereits gedacht hatte.

»Les, hier ist Mr. Klein.«

»Ja«, sagte Les, »ich weiß.«

»Les, ich glaube nicht, daß Rock sein Programm zu Ende bringen kann.«

»Ja, Sir, ich weiß.«

»Würden Sie einen der anderen DJs anrufen, um die Sendung zu übernehmen?«

»Ja, Sir. Das mache ich.«

Aber als Les den Hörer auflegte, sagte er zu sich selbst: »Nun, er muß denken, ich bin verrückt.«

Les wählte eine Nummer, aber nicht, um einen anderen DJ zu rufen. Er rief zuerst seine Mutter an und dann seine Freundin. »Ihr geht jetzt alle auf die Veranda und dreht das Radio auf, weil ich gleich auf Sendung sein werde!« sagte er.

Er wartete 15 Minuten, bevor er den Leiter anrief: »Mr. Klein, ich kann niemanden erreichen«, sagte Les.

Mr. Klein fragte dann: »Junger Mann, wissen Sie, wie die Regler im Studio funktionieren?«

»Ja, Sir«, antwortete Les.

Les raste in die Kabine, schob Rock sanft beiseite und setzte sich an den Plattenteller. Er war bereit. Und er hatte sehnsüchtig gewartet. Er schaltete das Mikrophon ein und sagte: »Paßt auf! Ich bin's, L. B., zweimal P – Les Brown, euer plattenspielender Papa. Es gab keinen vor mir und keinen nach mir. Also ich bin der einzige. *Young and single and love to mingle*. Geprüft, echt und zweifellos qualifiziert, euch Befriedigung zu verschaffen und eine ganze Menge Action. Paßt auf, Schätzchen, ich bin euer Lo-o-o-ver!«

Aufgrund seiner Vorbereitung war Les bereit. Er begeisterte seine Zuhörer und seinen Chef. Mit diesem schicksalhaften Anfang startete Les eine erfolgreiche Karriere im Rundfunk, in der Politik, als öffentlicher Redner und im Fernsehen.

Jack Canfield

Bereit, den Preis zu zahlen

Als meine Frau Maryanne und ich vor 13 Jahren unseren Friseursalon in der Einkaufspassage Greenspoint Mall aufbauten, kam jeden Tag ein Vietnamese bei uns vorbei, um uns Doughnuts zu verkaufen. Er sprach kaum Englisch, aber er war immer freundlich, und durch Lächeln und Zeichensprache lernten wir einander kennen. Sein Name war Le Van Vu.

Während des Tages arbeitete Le in einer Bäkkerei, und nachts hörten er und seine Frau Kassetten, um Englisch zu lernen. Ich erfuhr später, daß sie auf mit Sägemehl gefüllten Säcken auf dem Fußboden eines Hinterzimmers der Bäckerei schliefen.

In Vietnam war die Familie Van Vu eine der wohlhabendsten in Südostasien. Sie besaßen fast ein Drittel von Nordvietnam, einschließlich riesiger Anteile an Industrieunternehmen und Immobilien. Nachdem jedoch sein Vater brutal ermordet worden war, zog Le mit seiner Mutter nach Südvietnam um, wo er zur Schule ging und schließlich Anwalt wurde.

Wie sein Vater vor ihm kam er zu Wohlstand. Er sah eine Möglichkeit, Häuser zu bauen, um die immer zahlreicheren Amerikaner in Südvietnam unterzubringen, und bald wurde er einer der erfolgreichsten Bauunternehmer des Landes.

Auf einer Reise in den Norden wurde Le jedoch von den Nordvietnamesen gefangengenommen und für drei Jahre ins Gefängnis geworfen. Er flüchtete, indem er drei Soldaten tötete, und machte sich auf den Weg zurück nach Südvietnam, wo er erneut eingesperrt wurde. Die südvietnamesische Regierung hatte angenommen, er sei vom Norden »eingeschmuggelt« worden.

Nachdem er die Zeit im Gefängnis abgebüßt hatte, kam Le heraus und zog eine Fischfabrik auf, schließlich wurde er einer der größten Fischkonservenhersteller in Südvietnam.

Als Le erfuhr, daß die US-Truppen und das Botschaftspersonal bald aus seinem Land abziehen würden, traf er eine Entscheidung, die sein Leben veränderte.

Er nahm all sein Geld, das er gehortet hatte, lud es auf eines seiner Fischerboote und segelte mit seiner Frau hinaus zu den amerikanischen Schiffen im Hafen. Er tauschte dann all seine Reichtümer gegen eine sichere Überfahrt aus Vietnam zu den Philippinen, wo er und seine Frau in einem Flüchtlingslager aufgenommen wurden.

Nachdem er Zugang zum Präsidenten der Philippinen erhalten hatte, überzeugte er ihn, eines seiner Boote als Fischerboot zur Verfügung zu stellen, und Le war wieder im Geschäft. Bevor er zwei Jahre später die Philippinen verließ, um sich auf den Weg nach Amerika zu machen (seinem endgültigen Traumziel), hatte Le die gesamte Fischereiindustrie auf den Philippinen erfolgreich entwickelt.

Aber auf dem Weg nach Amerika wurde Le verzweifelt und deprimiert darüber, erneut aus dem Nichts wieder von vorn anfangen zu müssen. Seine Frau erzählte, wie sie ihn an der Reling des Schiffes fand, im Begriff, über Bord zu springen.

»Le«, sagte sie zu ihm, »wenn du springst, was soll dann aus mir werden? Wir sind schon so lange zusammen und haben so viel durchgemacht. Wir schaffen das zusammen.« Es war die Ermutigung, die Le Van Vu nötig hatte.

Als er und seine Frau im Jahre 1972 in Houston ankamen, waren sie total pleite und sprachen kein Englisch. In Vietnam helfen Familien einander, und Le und seine Frau fanden sich in einem

Hinterzimmer der Bäckerei seines Cousins in der Greenspoint Mall wieder, wo sie sich häuslich niederließen. Wir waren gerade dabei, unseren Salon nur ein paar Meter davon entfernt einzurichten.

Nun kommt, wie man so sagt, die »Botschaft« der Geschichte:

Les Cousin bot Le und seiner Frau Arbeit in der Bäckerei an. Nach Abzug der Steuern brachte Le 175 Dollar pro Woche nach Hause und seine Frau 125 Dollar. Ihr gesamtes jährliches Einkommen betrug mit anderen Worten 15 600 Dollar. Weiterhin bot sein Cousin an, ihnen die Bäckerei zu verkaufen, wann immer sie dreißigtausend Dollar als Anzahlung bekommen würden. Der Cousin würde den Rest mit einem Schuldschein über neunzigtausend Dollar finanzieren.

Und dies taten Le und seine Frau:

Sogar bei einem wöchentlichen Einkommen von dreihundert Dollar beschlossen sie, weiterhin in dem Hinterzimmer zu wohnen. Sie hielten sich sauber, indem sie sich zwei Jahre lang in den Erfrischungsräumen der Einkaufspassage wuschen. Zwei Jahre lang bestand ihre Ernährung hauptsächlich aus Produkten der Bäckerei. Jedes Jahr, zwei Jahre lang, lebten sie insgesamt – ja, insgesamt – von sechshundert Dollar, während sie dreißigtausend Dollar für die Anzahlung sparten.

Le erklärte später seine Überlegung: »Wenn wir uns ein Appartement gemietet hätten, was wir uns mit dreihundert Dollar pro Woche hätten leisten können, hätten wir Miete bezahlen müssen. Dann hätten wir natürlich Möbel kaufen müssen. Dann hätten wir zur Arbeit und zurück fahren müssen, das hätte also bedeutet, daß wir ein Auto hätten kaufen müssen. Dann hätten wir Benzin und Versicherung für das Auto bezahlen müssen. Dann hätten wir wahrscheinlich mit dem Auto ausfahren wollen, was bedeutet hätte, daß wir Kleidung und Toilettenartikel hätten kaufen müssen. Also wußte ich, wenn wir das Appartement gemietet hätten, hätten wir nie unsere dreißigtausend Dollar zusammenbekommen.«

Glauben Sie nicht, Sie haben nun schon die ganze Geschichte von Le gehört – es kommt noch mehr: Nachdem er und seine Frau die dreißigtausend Dollar gespart und die Bäckerei gekauft hatten, setzte sich Le noch einmal mit seiner Frau zu einem ernsten Gespräch zusammen. Sie schuldeten seinem Cousin immer noch neunzigtausend Dollar. Daher sagte er, so schwierig die vergangenen zwei Jahre auch gewesen waren, sie müßten für ein weiteres Jahr im Hinterzimmer wohnen.

Ich bin stolz, Ihnen zu sagen, daß mein Freund

und Mentor Le Van Vu und seine Frau ein Jahr buchstäblich jeden Nickel ihres Profits aus dem Geschäft gespart und den Neunzigtausenddollar-Schuldschein abbezahlt hatten; nach nur drei Jahren besaßen sie ein profitables Geschäft, frei von Schulden.

Dann, und erst dann, gingen die Van Vus los und mieteten ihr erstes Appartement. Bis zum heutigen Tag sparen sie weiterhin regelmäßig, leben von einem sehr kleinen Prozentsatz ihres Einkommens und bezahlen natürlich alles, was sie kaufen, bar.

Glauben Sie, daß Le Van Vu heute Millionär ist? Ich bin glücklich, es Ihnen wieder und wieder zu erzählen.

John McCormack

Jeder hat einen Traum

Vor einigen Jahren nahm ich einen Auftrag in einem südlichen Verwaltungsbezirk an, um mit Menschen zu arbeiten, die von der öffentlichen Fürsorge lebten. Mein Anliegen war es, zu zeigen, daß jeder die Fähigkeit hat, für sich selbst zu sorgen; alles, was wir tun müssen, ist, die Menschen zu aktivieren. Ich bat beim Vewaltungsbezirk darum, eine Gruppe von Leuten auszusuchen, die von der Fürsorge lebten und aus verschiedenen ethnischen Gruppen und Familienkonstellationen stammten. Ich würde mich dann mit ihnen jeden Freitag für drei Stunden treffen. Ich bat auch um eine kleine Portokasse, mit der ich nach Bedarf arbeiten konnte.

Das erste, was ich sagte, nachdem ich jedem die Hand gegeben hatte, war: »Ich möchte gern wissen, was Ihre Träume sind.« Jeder sah mich an, als ob ich irgendwie verrückt sei.

»Träume? Wir haben keine Träume.«

Ich sagte: »Nun, wie war es, als Sie Kinder waren? Gab es nichts, was Sie tun wollten?«

Eine Frau sagte zu mir: »Ich weiß nicht, was man mit Träumen anfangen kann. Meine Kinder werden von Ratten aufgefressen.«

»Oh«, sagte ich. »Das ist schrecklich. Nein, Sie haben natürlich sehr viel mit den Ratten und Ihren Kindern zu tun. Wie kann man da helfen?«

»Na ja, ich könnte ein neues Fliegenfenster gebrauchen, weil Löcher in meinem Fliegenfenster sind.«

Ich fragte: »Gibt es jemanden, der weiß, wie man ein Fliegenfenster reparieren kann?«

Es gab einen Mann in der Gruppe, und er sagte:

»Vor langer Zeit habe ich solche Sachen gemacht, aber jetzt habe ich einen kranken Rücken, aber ich werde es versuchen.«

Ich sagte ihm, daß ich etwas Geld hätte, wenn er ins Geschäft gehen und irgendeine Abdeckung kaufen und damit das Fliegenfenster der Dame reparieren würde. »Glauben Sie, Sie können das machen?«

»Ja, ich versuche es.«

In der nächsten Woche, als die Gruppe Platz genommen hatte, sagte ich zu der Frau: »Nun, ist Ihr Fliegengitter repariert?«

»Oh, ja«, sagte sie.

»Dann können wir jetzt anfangen zu träumen, nicht wahr?« Sie lächelte mir ein wenig zu.

Ich sagte zu dem Mann, der die Arbeit gemacht hatte: »Wie geht es Ihnen?«

Er sagte: »Nun ja, wissen Sie, es ist eine komische Sache, aber mir geht es langsam viel besser.«

Dies half der Gruppe, mit dem Träumen zu beginnen. Diese scheinbar kleinen Erfolge erlaubten der Gruppe zu erkennen, daß Träume nicht krankhaft waren. Diese kleinen Schritte veranlaßten Menschen, zu sehen und zu fühlen, daß wirklich etwas passieren konnte.

Ich begann, andere über ihre Träume zu befragen. Eine Frau teilte mit, daß sie immer Sekretärin sein wollte. Ich sagte: »Nun, was steht Ihnen im Weg?« (Das ist immer meine nächste Frage.)

Sie sagte: »Ich habe sechs Kinder, und ich habe niemanden, der sich um sie kümmert, wenn ich weg bin.«

»Lassen Sie uns sehen«, sagte ich. »Gibt es jemanden in der Gruppe, der sich an ein oder zwei Tagen in der Woche um sechs Kinder kümmern kann, während diese Frau eine Ausbildung hier am Gemeinde-College macht?«

Eine Frau sagte: »Ich habe auch Kinder, aber ich könnte das machen.«

»Lassen Sie uns das tun«, sagte ich. Also wurde ein Plan aufgestellt, und die Frau ging in die Schule.

Jeder fand etwas. Der Mann, der das Fliegengitter eingesetzt hatte, wurde Handwerker. Die Frau, die sich um die Kinder kümmerte, wurde eine zugelassene Tagesmutter. Innerhalb von zwölf Wochen hatte ich all diese Leute von der öffentlichen Fürsorge losbekommen. Dies war nicht nur einmal der Fall, ich tat es viele Male.

Virginia Satir

Ich habe einen Freund namens Monty Roberts, dem eine Pferderanch in San Ysidro gehört. Er ließ mich sein Haus benutzen, um Veranstaltungen zur Finanzierung von Programmen für gefährdete Jugendliche abhalten zu können.

Das letzte Mal, als ich dort war, stellte er mich vor, indem er sagte: »Ich möchte erzählen, warum ich Jack mein Haus benutzen lasse. Es geht alles auf eine Geschichte über einen jungen Mann zurück, den Sohn eines umherwandernden Pferdedresseurs, der von Stall zu Stall zog, von Rennbahn zu Rennbahn, von Farm zu Farm und von Ranch zu Ranch, um Pferde zu dressieren. So wurde die High-School-Ausbildung des Jungen ständig unterbrochen. In der Oberstufe wurde er gebeten, eine Arbeit darüber zu schreiben, was er werden und tun wollte, wenn er älter wäre.

An diesem Abend schrieb er eine sieben Seiten lange Arbeit, die sein Ziel beschrieb, eines Tages eine Ranch zu besitzen. Er schrieb sehr ausführlich über seinen Traum und zeichnete sogar einen Plan einer zweihundert Morgen großen Pferderanch, der die Standorte aller Gebäude zeigte, der Ställe und der Bahn. Dann zeichnete er einen genauen Grundriß für ein vierhundert Quadratmeter großes Haus, das auf der Traumranch stehen sollte.

Er hängte sein Herz an das Projekt, und am nächsten Tag gab er die Arbeit bei seinem Lehrer ab. Zwei Tage später erhielt er sie zurück. Auf der Vorderseite war ein großes rotes F mit einer Notiz, die lautete: ›Komm nach der Stunde zu mir‹.

Der Junge mit dem Traum ging nach der Stunde zu dem Lehrer und fragte: ›Warum habe ich ein F bekommen?‹

Der Lehrer sagte: ›Dies ist ein unrealistischer Traum für einen Jungen wie dich. Du hast kein Geld. Du stammst aus einer Wanderarbeiterfamilie. Du hast keine Reserven. Der Besitz einer Ranch kostet viel Geld. Du mußt das Land kaufen. Du mußt den anfänglichen Zuchtstamm bezahlen, und später mußt du hohe Zuchtgebühren bezahlen. Es gibt keine Möglichkeit, daß du das jemals schaffen könntest.‹ Dann fügte der Lehrer hinzu: ›Wenn du diese Arbeit mit einem realistischeren Ziel neu beschreibst, werde ich die Note noch einmal überdenken.‹

Der Junge ging nach Hause und dachte darüber lang und angestrengt nach. Er fragte seinen Vater, was er tun solle. Sein Vater sagte: ›Sieh mal, Sohn, du mußt das selbst entscheiden. Ich glaube aber, es ist eine sehr wichtige Entscheidung für dich.‹

Schließlich, nachdem er eine Woche damit zugebracht hatte, reichte der Junge dieselbe Arbeit ein, ohne überhaupt irgend etwas zu ändern. Er erklärte: ›Sie können das F stehenlassen, und ich kann meinen Traum behalten.‹«

Monty wandte sich dann an die versammelte Gruppe und sagte: »Ich erzähle Ihnen diese Geschichte, weil Sie in meinem Vierhundertquadratmeterhaus mitten in meiner Zweihundertmorgenranch sitzen. Ich habe diese Arbeit immer noch gerahmt über meinem Kamin hängen.« Er fügte hinzu: »Der beste Teil der Geschichte ist, daß vor zwei Jahren im Sommer derselbe Lehrer 30 Schulkinder für eine Woche zum Zelten auf meine Ranch brachte. Als der Lehrer ging, sagte er: »Schau, Monty, ich sage dir jetzt etwas. Als ich dein Lehrer war, war ich so etwas wie ein Träumedieb. Während dieser Jahre habe ich vielen Kindern ihren Traum gestohlen. Glücklicherweise hattest du genug Grips, deinen nicht aufzugeben.«

Lassen Sie niemanden Ihren Traum stehlen. Folgen Sie Ihrem Herzen, was auch geschieht.

Jack Canfield

Die Zigarrenkiste

Als ich Studentin im letzten Studienjahr war, kam ich zu den Weihnachtsferien nach Hause und war auf vierzehn Tage mit meinen beiden Brüdern eingestellt. Wir waren so aufgeregt, zusammenzusein, daß wir uns freiwillig bereit erklärten, auf den Laden aufzupassen, so daß meine Mutter und mein Vater ihren ersten freien Tag seit Jahren nehmen konnten. Am Tag bevor meine Eltern nach Boston fuhren, nahm mich mein Vater ruhig zu dem kleinen Zimmer hinter dem Laden beiseite. Der Raum war so klein, daß nur ein Klavier und eine Schlafcouch hineinpaßten. Das heißt, wenn man das Bett ausgezogen hatte, füllte es den Raum, und man konnte am Fuß des Bettes sitzen und Klavier spielen. Vater griff hinter das alte Klavier und zog eine Zigarrenkiste hervor. Er öffnete sie und zeigte mir einen kleinen Stapel von Zeitungsartikeln. Ich hatte so viele Detektivgeschichten von Nancy Drew gelesen, daß ich über die versteckte Kiste mit Zeitungsartikeln aufgeregt war und große Augen machte:

»Was ist das?« fragte ich.

Vater antwortete ernst: »Dies sind Artikel, die ich geschrieben habe, und einige Briefe an den Herausgeber, die veröffentlicht worden sind.«

Als ich zu lesen begann, sah ich am Schluß jedes der sauber ausgeschnittenen Artikel den Namen »Herr Walter Chapman«.

»Warum hast du mir nicht gesagt, daß du das gemacht hast?« fragte ich.

»Weil ich nicht wollte, daß deine Mutter es weiß. Sie hat mir immer gesagt, weil ich keine gute Schulbildung habe, sollte ich nicht versuchen zu schreiben. Ich wollte auch für ein politisches Amt kandidieren, aber sie sagte, ich sollte es nicht versuchen. Ich schätze, sie hatte Angst, es würde sie beschämen, wenn ich scheiterte. Ich wollte es nur so zum Spaß versuchen. Ich dachte mir, ich könnte schreiben, ohne daß sie es weiß, und das tat ich. Wenn die Berichte gedruckt würden, wollte ich sie ausschneiden und in dieser Kiste verstecken. Ich wußte, ich würde die Kiste eines Tages jemandem zeigen, und das bist du.«

Er beobachtete mich, als ich einige der Artikel überflog, und als ich aufsah, waren seine großen blauen Augen feucht. »Ich schätze, das letzte Mal habe ich etwas zu Großes versucht.«

»Hast du noch etwas geschrieben?«

»Ja, ich habe einige Vorschläge an unsere Konfessionszeitschrift geschickt, wie man den nationalen Ernennungsausschuß gerechter auswählen könnte. Es ist drei Monate her, seit ich es hingeschickt habe: Ich denke, ich habe etwas zu Großes versucht.«

Dies war eine solch neue Seite an meinem lebenslustigen Vater, daß ich nicht genau wußte, was ich sagen sollte, also versuchte ich es: »Vielleicht kommt es noch.«

»Vielleicht, aber halte nicht deinen Atem an.« Vater warf mir ein kleines Lächeln und ein Zwinkern zu, schloß dann die Zigarrenkiste und steckte sie in den Spalt hinter dem Klavier.

Am nächsten Morgen fuhren unsere Eltern mit dem Bus zum Daverhill Depot, von wo sie einen Zug nach Boston nahmen. Jim, Ron und ich führten den Laden, und ich dachte an die Zigarrenkiste. Ich hatte nicht gewußt, daß mein Vater gern schrieb. Ich erzählte es nicht meinen Brüdern; es war ein Geheimnis zwischen Vater und mir: Das Geheimnis der versteckten Zigarrenkiste.

Am frühen Abend schaute ich aus dem Ladenfenster und sah meine Mutter aus dem Bus steigen – allein. Sie überquerte den Platz und ging flink durch den Laden.

»Wo ist Dad?« fragten wir alle zusammen.

»Euer Vater ist tot«, sagte sie ohne Tränen.

Ungläubig folgten wir ihr in die Küche, wo sie uns erzählte, daß sie durch die Park-Street-Untergrundstation inmitten der Menschenmenge gegangen waren, als Vater zu Boden fiel. Eine Krankenschwester beugte sich über ihn, sah zu Mutter auf und sagte schlicht: »Er ist tot.«

Mutter war fassungslos bei ihm stehengeblieben und wußte nicht, was sie tun sollte, als die Leute im Gedränge der U-Bahn-Station über ihn stolperten. Ein Geistlicher sagte: »Ich werde die Polizei rufen« und verschwand. Mutter kniete etwa eine Stunde lang über Dads Leiche. Schließlich kam ein Krankenwagen und brachte sie beide zu dem einzigen Leichenschauhaus, wo Mutter seine Taschen durchsuchen und seine Uhr entfernen mußte. Sie kam allein mit dem Zug zurück und fuhr dann mit dem örtlichen Bus nach Hause. Mutter erzählte uns die erschütternde Geschichte, ohne eine Träne zu vergießen. Gefühle nicht zu zeigen, war immer eine Sache von Disziplin und Stolz für sie gewesen: Wir weinten auch nicht und bedienten abwechselnd.

Ein Stammkunde fragte: »Wo ist der alte Herr heute abend?«

»Er ist tot«, erwiderte ich.

»Oh, na so was«, und er ging.

Ich hatte an ihn nicht als den alten Herrn gedacht, und ich war böse über die Frage, aber er war siebzig gewesen, und meine Mutter war erst fünfzig. Er war immer gesund und glücklich gewesen, und er hatte stets für meine zerbrechliche Mutter gesorgt, ohne sich zu beklagen, und jetzt war er fortgegangen. Kein Pfeifen mehr, kein Singen von Hymnen, während er die Regale auffüllte. Der »alte Herr« war gegangen.

Am Morgen der Beerdigung saß ich am Tisch im Laden und öffnete Beileidsschreiben und klebte sie in ein Sammelalbum, als ich die Kirchenzeitschrift in dem Stapel bemerkte. Normalerweise würde ich so eine Zeitschrift, die für mich eine langweilige religiöse Veröffentlichung war, nicht aufschlagen, aber vielleicht stand darin dieser geistliche Artikel – und da war er.

Ich nahm die Zeitschrift zu dem kleinen Zimmer mit, schloß die Tür und brach in Tränen aus. Ich war tapfer gewesen, aber Dads kühne Vorschläge an den nationalen Konvent gedruckt zu sehen, war mehr, als ich ertragen konnte. Ich las und weinte, und dann las ich wieder. Ich zog die Zigarrenkiste hinter dem Klavier hervor, und unter dem Zeitungsausschnitt fand ich einen zwei Seiten langen Brief an meinen Vater von Henry Cabot senior, der ihm für seine Vorschläge für die Kampagne dankte.

Ich erzählte niemandem von meiner Zigarrenkiste. Sie blieb ein Geheimnis.

Florence Littauer

Ermutigung

Einige der großartigsten historischen Erfolgsgeschichten nahmen ihren Lauf nach einem Wort der Ermutigung oder einem Vertrauensakt durch einen geliebten Menschen oder einen vertrauensvollen Freund. Wäre eine vertrauensvolle Frau, Sophia, nicht gewesen, stünde der Name Nathaniel Hawthorne vielleicht nicht auf der Liste der großen Namen in der Literatur. Als Nathaniel, ein gebrochener Mann, nach Hause ging, um seiner Frau zu sagen, daß er versagt hatte und aus seiner Arbeit in einem Zollamt entlassen worden war, überraschte sie ihn durch einen Ausruf der Freude.

»Jetzt«, sagte sie triumphierend, »kannst du dein Buch schreiben!«

»Ja«, sagte der Mann mit schwindendem Zutrauen, »und wovon sollen wir leben, während ich es schreibe?«

Zu seinem Erstaunen öffnete sie eine Schublade und zog eine beträchtliche Summe Geldes heraus.

»Woher hast du das denn bloß?« rief er aus.

»Ich habe immer gewußt, daß du ein genialer Mensch bist«, sagte sie zu ihm. »Ich wußte, eines Tages würdest du ein Meisterwerk schreiben. Also habe ich jede Woche von dem Haushaltsgeld, das du mir gibst, ein bißchen gespart. Also, hier ist genug, daß es uns ein ganzes Jahr lang reicht.«

Aus ihrem Glauben heraus entstand einer der größten Romane der amerikanischen Literatur – *The Scarlet Letter.*

Nido Qubein

Walt Jones

Die große Frage ist, ob du fähig sein wirst, laut und herzlich ja zu deinem Abenteuer zu sagen.

Joseph Campbell

Niemand verkörperte die Tatsache, daß Erfolg eine Reise und kein Ziel ist, besser als die blühenden »werdenden Menschen«, die dem Alter nicht gestatten, ein Abschreckungsmittel für Leistung zu sein. Florence Brooks wurde Mitglied des Friedenskorps – mit 64 Jahren. Gladys Clappison lebte im Alter von 82 im Wohnheim der Universität von Iowa, während sie an ihrer Doktorarbeit in Geschichte arbeitete. Dann war da Ed Stitt, der im Alter von 87 an seinem Abschlußprogramm für das Gemeinde-College in New Jersey arbeitete. Ed sagte, es bewahrte ihn vor »Veteranenkrankheiten« und hielt sein Gehirn lebendig.

Niemand hat wahrscheinlich meine Vorstellungskraft über die Jahre so beschäftigt wie Walt Jones aus Tacoma, Washington. Walt überlebte seine dritte Frau, mit der er 52 Jahre verheiratet war. Als sie starb, sagte jemand zu Walt, daß er traurig sein müsse, eine solche langjährige Gefährtin zu verlieren. Seine Antwort war: »Nun, natürlich war es das, aber dann ist es auch vielleicht das beste.«

»Warum das?«

»Ich will nicht negativ sein oder etwas sagen, was ihren wunderbaren Charakter diffamieren könnte, aber sie hat in den letzten zehn Jahren ein wenig nachgelassen.«

Als er gebeten wurde, das zu erklären, fuhr er fort: »Sie wollte nie irgend etwas tun, sie wurde eine Art Muffel. Vor zehn Jahren, als ich 94 war, sagte ich zu meiner Frau, wir hätten nie etwas anderes gesehen als den schönen Nordwesten an der Pazifikküste. Sie fragte, was in mir vorginge, und ich sagte ihr, ich überlegte, ein Wohnmobil zu kaufen, und vielleicht könnten wir gemeinsam alle 48 angrenzenden Staaten bereisen. ›Was hältst du davon?‹

Sie sagte: ›Ich glaube, du hast den Verstand verloren, Walt.‹

›Warum sagst du das?‹ fragte ich.

›Wir würden da draußen überfallen werden. Wir würden sterben, und es würde keine Leichenhalle geben.‹ Dann fragte sie mich: ›Wer soll fahren, Walter?‹ und ich sagte: ›Ich, mein Engel.‹ – ›Du bringst uns um!‹ sagte sie.

Ich würde gern Fußspuren im Sand der Zeit hinterlassen, bevor ich mich abmelde, aber man kann keine Fußspuren im Sand der Zeit hinterlassen, wenn man auf seinem Arsch sitzt … es sei denn, man hat die Absicht, Arschabdrücke im Sand der Zeit zu hinterlassen.«

»Also, jetzt, da sie gegangen ist, Walt, was willst du tun?«

»Was ich tun will? Ich habe das alte Mädchen begraben, und ich habe mir ein Wohnmobil gekauft. Dies ist das Jahr 1976, und ich werde alle 48 Staaten bereisen, um unser zweihundertjähriges Jubiläum zu feiern.«

Walt bereiste in jenem Jahr 43 Staaten und verkaufte Kuriositäten und Souvenirs. Als er gefragt wurde, ob er jemals Anhalter mitgenommen hatte, sagte er: »Ausgeschlossen. Zu viele von denen würden einem wegen fünfzig Cent über den Kopf knüppeln oder einen auf Peitschenhiebe verklagen, wenn man einen Unfall hat.«

Walt hatte sein Wohnmobil erst einige Monate, und seine Frau war erst seit sechs Monaten begraben, als er gesehen wurde, wie er mit einer ziemlich attraktiven 62jährigen Frau an seiner Seite durch die Straßen fuhr.

»Walt?« wurde er gefragt.

»Ja-ah«, antwortete er.

»Wer war die Frau, die neben dir saß? Ist sie deine neue Freundin, Walt?«

Worauf er erwiderte: »Ja, ist sie.«

»Ja, sie ist was?«

»Meine Freundin.«

»Freundin? Walt, du warst dreimal verheiratet, du bist 104 Jahre alt. Diese Frau muß vier Jahrzehnte jünger sein als du.«

»Nun«, antwortete er, »ich habe schnell entdeckt, daß man in einem Wohnmobil nicht allein leben kann.«

»Das verstehe ich, Walt. Du vermißt wahrscheinlich jemanden zum Reden, nachdem du in all diesen Jahren eine Gefährtin hattest.«

Ohne Zögern erwiderte Walt: »Weißt du, ich vermisse das auch.«

»Auch? Willst du andeuten, du hättest ein romantisches Interesse?«

»Könnte ich haben.«

»Walt …«

»Was?« sagte er.

»Es kommt im Leben des Menschen eine Zeit, in der er mit diesem Zeug Schluß macht.«

»Sex?« erwiderte er.

»Ja.«

»Warum?« fragte er.

»Nun, weil diese Art der körperlichen Anstrengung für die Gesundheit eines Menschen gefährlich sein könnte.«

Walt dachte über die Frage nach und sagte: »Nun, wenn sie stirbt, stirbt sie eben.«

Im Jahre 1978 stieg eine zweistellige Inflationsrate in unserem Land, und Walt war Hauptinvestor in einem Eigentumswohungsprojekt. Als er gefragt wurde, warum er sein Geld von einem sicheren Bankkonto genommen und in ein Wohnungsbauprojekt gesteckt hätte, sagte er: »Hast du's nicht gehört? Dies sind Inflationszeiten. Man muß sein Geld in Immobilien anlegen, so wird es sich vermehren und in späteren Jahren da sein, wenn man es wirklich braucht.« *Das* ist positives Denken, was?

Im Jahre 1980 verkaufte er einiges von seinem Besitz in der Gegend um Pierce County, Washington. Viele Leute glaubten, Walt wolle den Löffel abgeben. Er versammelte seine Freunde um sich und machte deutlich, daß er nicht den Löffel abgeben werde, sondern er hatte seinen Besitz verkauft, um Bargeld zu haben. »Ich habe eine kleine Barauszahlung und einen Vertrag über dreißig Jahre. Ich bekomme vier Riesen im Monat, bis ich 138 bin.«

Er feierte seinen 110. Geburtstag in der Johnny-Carson-Show. Er kam heraus und sah prächtig aus mit seinem weißen Bart und seinem schwarzen Hut, ein bißchen wie der verstorbene Colonel Sanders, und Johnny sagte: »Schön, daß Sie hier sind, Walt.«

»Es ist schön, mit 110 überhaupt irgendwo zu sein, Johnny.«

»110?«

»110.«

»1-1-0?«

»Was ist los, Carson, werden Sie taub? Das sagte ich. Das bin ich. Was ist so Besonderes dran?«

»Das Besondere ist, daß Sie in drei Tagen doppelt so alt sein werden wie ich.«

Das erregt Aufmerksamkeit, nicht wahr? 110 Jahre alt – ein blühender, wachsender, werdender Mensch. Walt griff die Eröffnung auf und spielte schnell auf Johnny an.

»Wie alt wären Sie, wenn Sie nicht wüßten, wann Sie geboren sind, und es gibt keine verdammten Kalender, um Sie einmal im Jahr zu deprimieren? Haben Sie schon von Leuten gehört, die wegen eines Datums deprimiert waren? Oh, mein Gott, ich gehe auf meinen dreißigsten Geburtstag zu. Ich bin so deprimiert, ich habe die besten Jahre hinter mir. Oh, nein, ich gehe auf meinen vierzigsten Geburtstag zu. Alle meine Kollegen trugen schwarz und schickten einen Leichenwagen, um mich abzuholen. Oh, nein, ich bin fünfzig Jahre alt. Sie schickten mir verwelkte Rosen mit Spinnweben, Johnny; wer sagt, man sollte umfallen und sterben, wenn man 65 ist? Ich habe Freunde, die mit 75 wohlhabender waren als vorher. Und als Folge einer kleinen Investition in Eigentumswohnungen, die ich vor ein paar Jahren getätigt habe, verdiene ich, seit ich 105 bin, mehr Dollars als vorher. Kann ich Ihnen meine Definition von Depression geben, Johnny?«

»Nur zu.«

»Sich einen Geburtstag entgehen lassen.«

Möge die Geschichte des Walt Jones uns alle inspirieren, an jedem Tag unseres Leben zu blühen und zu wachsen.

Bob Moawad

Sind Sie stark genug, um Kritik zu verkraften?

Es ist nicht der Kritiker, der zählt, nicht der Mann, der darauf aufmerksam macht, wie der starke Mann stolpert, oder wo die Männer der Tat ihre Taten hätten besser machen können. Die Anerkennung gebührt dem Mann, der tatsächlich in der Arena steht, dessen Gesicht von Staub und Schweiß und Blut befleckt ist, der tapfer kämpft, der irrt und Fehler macht, wieder und wieder, weil es keine Leistung ohne Irrtum und Fehler gibt, der die große Hingabe kennt, der sich für eine würdige Sache erschöpft, der bestenfalls am Ende das Erringen des Triumphes kennt und der schlimmstenfalls weiß, wenn er versagt, während er viel wagte, daß sein Platz nie unter den ängstlichen und kalten Seelen sein wird, die weder Sieg noch Niederlage kennen.

Theodore Roosevelt

Riskieren

Zwei Samen lagen Seite an Seite in der fruchtbaren Frühlingserde.

Der erste Samen sagte: »Ich will wachsen! Ich will meine Wurzeln tief in die Erde unter mir aussenden und meine Sprossen durch die Erdkruste über mir stoßen … Ich will meine zarten Knospen entfalten wie Banner, um die Ankunft des Frühlings verkünden zu können … Ich will die Wärme der Sonne auf meinem Gesicht und den Segen des Morgentaus auf meinen Blütenblättern spüren!«

Und so wuchs er.

Der zweite Samen sagte: »Ich habe Angst. Wenn ich meine Wurzeln in den Boden unter mir aussende, weiß ich nicht, was mir im Dunkeln begegnet. Wenn ich mir meinen Weg durch die harte Erde über mir bahne, könnte ich meine empfindlichen Sprossen verletzen … Was ist, wenn ich meine Knospen sich öffnen lasse, und eine Schnecke versucht, sie zu fressen? Und wenn ich meine Blüten öffne, könnte ein kleines Kind mich aus dem Boden reißen. Nein, es ist viel besser für mich, zu warten, bis es sicher ist.«

Und so wartete er.

Eine Hofhenne, die im Boden des ersten Frühlings auf der Suche nach Futter umherscharrte, fand den wartenden Samen und fraß ihn prompt.

MORAL VON DER GESCHICHTE
Jene von uns, die sich weigern, etwas zu riskieren und zu wachsen, werden vom Leben verschlungen.

Patty Hansen

Service mit einem Lächeln

Ein Mann schrieb einen Brief an ein kleines Hotel in einer Stadt im Mittleren Westen, in dem er in seinem Urlaub abzusteigen plante. Er schrieb:

»Ich würde sehr gern meinen Hund mitbringen. Er ist gut gepflegt und sehr gut erzogen. Wären Sie bereit, mir zu erlauben, ihn nachts in meinem Zimmer zu halten?«

Eine Antwort kam sofort von dem Besitzer des Hotels, der schrieb:

»Ich leite dieses Hotel seit vielen Jahren. In all dieser Zeit hat mir nie ein Hund Handtücher, Bettwäsche, Silber oder Bilder von den Wänden gestohlen.

Ich mußte nie einen Hund zwingen, das Zimmer wegen Trunkenheit oder unordentlichen Verhaltens zu räumen. Und noch nie ist ein Hund verschwunden, ohne seine Hotelrechnung zu bezahlen.

Ja, Ihr Hund ist in meinem Hotel in der Tat sehr willkommen. Und wenn sich Ihr Hund für Sie verbürgen kann, sind Sie ebenfalls willkommen, hier zu wohnen.«

Karl Albrecht und Ron Zenke

6

HINDERNISSE ÜBERWINDEN

Hindernisse sind jene furchtbaren Dinge, die du siehst, sobald du den Blick von deinem Ziel abwendest.

Henry Ford

Hindernisse

Wir, die wir in den Konzentrationslagern gelebt haben, können uns an die Menschen erinnern, die zwischen den Hütten herumgingen und anderen Trost gaben und ihr letztes Stück Brot. Es mögen wenige gewesen sein, aber sie liefern einen ausreichenden Beweis dafür, daß einem Menschen alles genommen werden kann außer das eine: die letzte seiner Freiheiten – seine Haltung in allen nur möglichen Umständen zu wählen, seinen eigenen Weg zu wählen.

Viktor E. Frankl

Denken Sie mal darüber nach …

Denken Sie mal darüber nach …

- Nachdem Fred Astaire seine ersten Probeaufnahmen gehabt hatte, hieß es in der Notiz des Aufnahmeleiters von MGM aus dem Jahre 1933: »Kann nicht spielen! Etwas kahlköpfig! Kann ein bißchen tanzen!« Astaire bewahrte diese Notiz über dem Kamin in seinem Haus in Beverly Hills auf.
- Ein Experte sagte über Vince Lombardi: »Er besitzt minimale Kenntnisse über Football. Ihm fehlt es an Motivation.«

- Sokrates wurde als »ein unmoralischer Verführer der Jugend« bezeichnet.
- Als Peter J. Daniel in der vierten Klasse war, sagte seine Lehrerin, Mrs. Philips, ständig: »Peter J. Daniel, du taugst nichts, du bist eine taube Nuß, und aus dir wird nie etwas werden.« Peter war bis zum 26. Lebensjahr Analphabet. Ein Freund blieb mit ihm nachts auf und las ihm aus *Think and grow rich* (Denke und werde reich) vor. Jetzt gehören ihm die Straßenecken, an denen er zu kämpfen pflegte, und er hat gerade sein neues Buch veröffentlicht: *Mrs. Philips, You were wrong!* (Frau Philips, Sie hatten unrecht!)
- Louisa May Alcott, die Autorin von *Kleine Frauen*, wurde von ihrer Familie aufgefordert, Arbeit als Dienstmädchen oder Näherin zu finden.
- Beethoven handhabte die Violine ungeschickt und so spielte er nur seine eigenen Kompositionen, anstatt seine Technik zu verbessern. Sein Lehrer nannte ihn hoffnungslos als Komponist.
- Die Eltern des berühmten Opernsängers Enrico Caruso wollten, daß er Ingenieur werden sollte. Sein Lehrer sagte, daß er überhaupt keine Stimme habe und nicht singen könne.
- Charles Darwin, Vater der Theorie der Evolution, gab eine Karriere in der Medizin auf, sein

Vater sagte zu ihm: »Du interessierst dich für nichts als Schießen, Hunde und Ratten fangen.« In seiner Autobiographie schrieb Darwin: »Ich wurde von all meinen Meistern und von meinem Vater als ein sehr gewöhnlicher Junge angesehen, eher unterhalb der üblichen Norm des Intellekts.«

- Walt Disney wurde wegen Mangels an Ideen von einem Zeitungsherausgeber gefeuert. Walt Disney ging auch mehrere Male bankrott, bevor er Disneyland erbaute.
- Thomas Edisons Lehrer sagten, er wäre zu dumm, um irgend etwas zu lernen.
- Albert Einstein sprach nicht, bevor er vier war, und konnte nicht lesen, bis er sieben war. Seine Lehrer beschrieben ihn als »geistig langsam, ungesellig und immer in seine törichten Träume abschweifend«. Er wurde von der Schule gewiesen, und ihm wurde der Zugang zur Technischen Hochschule Zürich verweigert.
- Louis Pasteur war nur ein mittelmäßiger Student und rangierte in Chemie an 15. Stelle von 22.
- Isaac Newton war sehr schlecht in der Grundschule.
- Der Vater des Bildhauers Rodin sagte: »Ich habe einen Idioten als Sohn.« Als schlechtester Schüler der Schule beschrieben, mißlang Ro-

din dreimal die Aufnahme an der Kunstschule. Sein Onkel nannte ihn unfähig, unterrichtet zu werden.

- Leo Tolstoi, Autor von *Krieg und Frieden*, fiel an der Hochschule durch. Er wurde als »gleichermaßen unfähig und unwillig zu lernen« beschrieben.
- Der Dramatiker Tennessee Williams war wütend, als sein Stück *Me, Vasha* in einem Klassenwettbewerb der Universität Washington, wo er in Englisch XVI eingeschrieben war, nicht ausgewählt wurde. Der Lehrer erinnerte sich, daß Williams die Wahl und die Intelligenz der Juroren lächerlich machte.
- F. W. Woolworths Arbeitgeber in dem Kurzwarengeschäft sagte, er habe nicht genug Verstand, um Kunden zu bedienen.
- Henry Ford scheiterte und ging fünfmal pleite, bevor er schließlich erfolgreich wurde.
- Babe Ruth, von Sporthistorikern als der größte Sportler aller Zeiten bezeichnet und berühmt für seinen Rekord als Baseballspieler beim Lauf um alle vier Male, hält auch den Rekord im »Aus-Sein« …
- Winston Churchill blieb in der sechsten Klasse sitzen. Er wurde nicht Premierminister in England, bevor er 62 war, und dann erst nach

einem Leben voller Niederlagen und Rückschläge. Seine größten Beiträge leistete er, als er »Altbürger« war.

- Achtzehn Verleger lehnten Richard Bachs Zehntausend-Wörter-Geschichte über eine hochfliegende Möwe, *Die Möwe Jonathan* ab, bevor Mcmillan sie schließlich im Jahre 1970 veröffentlichte. Bis 1975 wurde sie mehr als sieben Millionen Mal allein in den USA verkauft.
- Richard Hooker arbeitete sieben Jahre lang an seinem humorvollen Kriegsroman *M*A*S*H*, um von 21 Verlegern abgewiesen zu werden, bevor Morrow entschied, den Roman zu veröffentlichen. Er wurde ein reißender Bestseller, aus dem ein Kinofilmknüller und eine sehr erfolgreiche Fernsehserie entstanden.

Jack Canfield und Mark V. Hansen

John Corcoran – der Mann, der nicht lesen konnte

Solange John Corcoran denken konnte, hatten Wörter ihn verhöhnt. Die Buchstaben in Sätzen vertauschten ihre Plätze. Vokale gingen in seinen Gehörgängen verloren. In der Schule saß er an seinem Tisch, benommen und stumm wie ein Stein; er wußte, er würde immer anders sein als die anderen. Wenn nur jemand neben diesem kleinen Jungen gesessen, den Arm um seine Schultern gelegt und gesagt hätte: »Ich werde dir helfen. Hab keine Angst.«

Aber niemand hatte zu der Zeit von Legasthenie gehört. Und John konnte ihnen nicht sagen, daß die linke Seite seines Gehirns, der Lappen, den Menschen benutzen, um Zeichen in einer logischen Folge zu ordnen, immer fehlgezündet hatte.

Statt dessen setzten sie ihn in der zweiten Klasse in die »doofe Reihe«. In der dritten Klasse gab eine Nonne den anderen Kindern einen Zollstock, wenn John sich weigerte, zu lesen oder zu schreiben, und ließ jeden Schüler ihm einen Schlag auf die Beine geben. In der vierten Klasse rief sein Lehrer ihn zum Lesen auf und ließ eine Minute der Stille auf die andere folgen, bis das Kind zu ersticken glaubte. Dann wurde er in die nächste Klasse und in die folgenden versetzt. John Corcoran blieb nie in seinem Leben sitzen.

In seinem Abschlußjahr wurde John zum König des Laufs um alle vier Male ernannt, ging mit dem Mädchen, das die Abschiedsansprache hielt, und spielte in der Baseballmannschaft die Hauptrolle. Seine Mutter küßte ihn, als er die Schule abgeschlossen hatte – und sprach immer wieder vom College. College? Es wäre krankhaft, das in Betracht zu ziehen. Aber er entschied sich schließlich für die Universität von Texas in El Paso, wo er sich in der Basketballmannschaft versuchen konnte. Er atmete tief durch, schloß die Augen und überschritt feindliche Linien …

Auf dem Campus fragte John jeden neuen Freund: Welcher Lehrer gab Aufgaben in Form von Aufsätzen? Welcher gab Multiple-Choice-Aufgaben? In der Minute, in der er den Klassenraum verließ, riß er die Seiten aus seinem Schreibblock, falls jemand ihn bitten könnte, seine Notizen zu sehen. Er starrte abends auf dicke Lehrbücher, so daß sein Zimmergenosse keinen Verdacht schöpfte. Und er lag im Bett, erschöpft, aber unfähig zu schlafen, unfähig, seine umherschwirrenden Gedanken loszuwerden. John schwor, dreißig Tage lang bei Tagesanbruch in die Messe zu gehen, wenn Gott ihn sein Examen bestehen ließe.

Er bestand das Examen. Er ging dreißig Tage in die Messe. Was nun? Vielleicht war er süchtig nach dem Reiz. Vielleicht brauchte er am meisten Bewunderung für das, worüber er die größte Unsicherheit empfand – seinen Verstand. Vielleicht war es deshalb, daß John im Jahre 1961 Lehrer wurde.

John lehrte in Kalifornien. Jeden Tag ließ er einen Schüler den anderen aus dem Lehrbuch vorlesen. Er führte genormte Prüfungen durch, die er bewerten konnte, indem er eine Schablone mit Löchern über jede richtige Antwort hielt, und an Wochenenden lag er morgens stundenlang deprimiert im Bett.

Dann traf er Kathy, eine hervorragende Studentin und Krankenschwester. Kein Fähnchen wie John. Ein Felsen. »Es gibt etwas, das ich dir sagen muß, Kathy«, sagte er eines Nachts im Jahre 1965, vor ihrer Hochzeit, »ich … ich kann nicht lesen.«

»Er ist Lehrer«, dachte sie. Er meinte bestimmt, er könnte nicht gut lesen. Kathy verstand nicht, bis sie Jahre später sah, daß John unfähig war, ihrer 18 Monate alten Tochter ein Kinderbuch vorzulesen. Kathy füllte seine Formulare aus, las und schrieb seine Briefe. Warum bat er sie nicht einfach, ihm Lesen und Schreiben beizubringen? Er konnte nicht glauben, daß irgend jemand es ihm beibringen könne.

Im Alter von 28 Jahren lieh sich John 2500 Dollar, kaufte ein zweites Haus, renovierte und vermietete es. Er kaufte und vermietete ein weiteres. Sein Geschäft wurde größer und größer, bis er eine Sekretärin, einen Anwalt und einen Partner brauchte.

Dann teilte sein Buchhalter ihm eines Tages mit, daß er Millionär sei. Perfekt. Wer würde bemerken, daß ein Millionär immer an den Türen zog, an denen »Drücken« stand, oder wartete, bevor er öffentliche Toiletten betrat, um zu sehen, aus welcher die Männer herauskamen?

Im Jahre 1982 begann alles zusammenzubrechen. Seine Häuser begannen leerzustehen, und Investoren zogen sich zurück. Drohungen, Darlehen zu kündigen und Gerichtsverfahren einzuleiten, flatterten ins Haus. In jedem wachen Moment, so schien es, ersuchte er Bankdirektoren, seine Darlehen zu verlängern, überredete er Bauunternehmer, bei dem Auftrag zu bleiben, versuchte er, Ordnung in den Papierberg zu bringen. Bald, so wußte er, hätten sie ihn im Zeugenstand, und der Mann in der schwarzen Robe würde sagen: »Die Wahrheit, John Corcoran. Können Sie nicht einmal lesen?«

Schließlich, im Herbst des Jahres 1986, tat er zwei Dinge, die er geschworen hatte, nie zu tun. Er gab sein Haus als zusätzliche Sicherheit, um ein letztes Baudarlehen zu bekommen. Und er ging in die Carlsbad-City-Bibliothek und sagte zu der Frau, die für das Nachhilfeunterrichtsprogramm zuständig war: »Ich kann nicht lesen.«

Dann weinte er.

Er wurde einer 65 Jahre alten Großmutter namens Eleanor Condit zugeteilt. Sorgfältig – Buchstabe für Buchstabe, phonetisch – begann sie, es ihm beizubringen. Innerhalb von 14 Monaten begann seine Baugesellschaft sich wieder zu beleben. Und John Corcoran lernte lesen.

Der nächste Schritt war das Geständnis: eine Rede vor zweihundert fassungslosen Geschäftsleuten aus San Diego. Um zu heilen, mußte er rein werden. Er wurde in den Vorstand des Rates für Alphabetisierung gewählt und begann, durch das Land zu reisen und Reden zu halten.

»Analphabetentum ist eine Form von Sklaverei!« pflegte er auszurufen. »Wir können nicht unsere Zeit damit verschwenden, irgend jemandem die Schuld zu geben. Wir müssen besessen davon sein, Menschen das Lesen beizubringen!«

Er las jedes Buch und jede Zeitschrift, die er in die Hände bekam, jedes Straßenschild, an dem er vorbeikam, laut, solange Kathy es aushalten konnte. Es war herrlich – wie Singen. Und jetzt konnte er schlafen.

Dann kam es ihm eines Tages in den Sinn – noch etwas, das er endlich tun konnte. Ja, die staubige Schachtel in seinem Büro, das Bündel Papier, umwickelt mit einem Band ... Ein Vierteljahrhundert später konnte John Corcoran die Liebesbriefe seiner Frau lesen.

Gary Smith

Abraham Lincoln gab nicht auf

Das Bewußtsein für die Verpflichtung, weiterzumachen, ist in uns allen vorhanden. Die Pflicht, zu kämpfen, ist unser aller Pflicht. Ich spürte die Stimme dieser Pflicht.

Abraham Lincoln

Wahrscheinlich das größte Beispiel für Beharrlichkeit ist Abraham Lincoln. Wenn man etwas über jemanden erfahren möchte, der nicht aufgab, braucht man nicht länger zu suchen.

In Armut hineingeboren, sah Lincoln sich während seines ganzen Lebens Niederlagen gegenüber. Er verlor acht Wahlen, versagte zweimal im Geschäftsleben und erlitt einen Nervenzusammenbruch.

Er hätte viele Male aufgeben können – aber er tat es nicht, und weil er nicht aufgab, wurde er einer der größten Präsidenten in der Geschichte der Vereinigten Staaten.

Lincoln war ein Meister, und er gab nie auf. Hier ist eine Skizze seines Weges zum Weißen Haus:

1816 Seine Familie wurde aus ihrem Haus vertrieben. Er mußte arbeiten, um sie zu unterstützen.

1818 Seine Mutter starb.

1831 Versagte im Geschäftsleben.

1832 Kandidierte für die Volksvertretung – *verlor.*

1832 Verlor auch seine Arbeit – wollte Jura studieren, wurde aber nicht aufgenommen.

1833 Lieh Geld von einem Freund, um ein Geschäft aufzumachen, und war am Ende des Jahres bankrott. Er verbrachte die nächsten 17 Jahre seines Lebens damit, die Schulden zurückzuzahlen.

1834 Kandidierte erneut für die Volksvertretung – *gewann.*

1835 Verlobte sich, die Liebste starb, und er grämte sich zu Tode.

1836 Hatte einen totalen Nervenzusammenbruch und war für sechs Monate bettlägerig.

1838 Versuchte, Sprecher der Volksvertretung zu werden – *abgelehnt.*

1840 Versuchte, Wahlmann zu werden – *abgelehnt.*

1843 Kandidierte für den Kongreß – *verlor.*

1846 Kandidierte erneut für den Kongreß – *gewann dieses Mal* – ging nach Washington und leistete gute Arbeit.

1848 Kandidierte zur Wiederwahl in den Kongreß – *verlor.*
1849 Erstrebte die Aufgabe des Landverwalters in seinem Heimatstaat – *abgewiesen.*
1854 Kandidierte für den Senat der Vereinigten Staaten – *verlor.*
1856 Erstrebte die Nominierung zum Vizepräsidenten in der Nationalversammlung seiner Partei – *erhielt weniger als hundert Stimmen.*
1858 Kandidierte erneut für den US-Senat – *verlor erneut.*
1860 *Zum Präsidenten der Vereinigten Staaten gewählt.*

Der Pfad war ausgetreten und rutschig. Mein Fuß rutschte unter mir weg und trat den anderen aus dem Weg, aber ich erholte mich und sagte zu mir selbst: »Es ist ein Ausrutscher und kein Fall.«

Abraham Lincoln nach dem Verlust einer Senatswahl

Anonym

Lektion eines Sohnes

Die Leidenschaft meines Sohnes Daniel für das Surfen begann, als er dreizehn war. Jeden Tag vor und nach der Schule zog er seinen Surfanzug an, paddelte hinaus bis oberhalb der Brandungslinie und wartete darauf, von seinen 1 bis 1,80 Meter großen Gefährten herausgefordert zu werden. Daniels Liebe zu seinem Ritt wurde eines schicksalhaften Tages auf die Probe gestellt.

»Ihr Sohn hatte einen Unfall«, erklärte der Rettungsschwimmer meinem Mann Mike am Telefon.

»Wie schlimm?«

»Schlimm. Als er an der Wasseroberfläche auftauchte, schoß das Brett mit der Spitze auf sein Auge zu.«

Mike eilte mit ihm zur Unfallstation, und sie wurden dann in den Behandlungsraum eines plastischen Chirurgen geschickt. Er erhielt 26 Stiche von seinem Augenwinkel bis zum Nasenrücken.

Ich war in einem Flugzeug auf dem Weg nach Hause von einem Auftrag als Sprecherin, während Dans Auge genäht wurde. Mike fuhr direkt zum Flughafen, nachdem sie das Arztzimmer verlassen hatten. Er begrüßte mich am Eingang und sagte mir, daß Dan im Auto wartete.

»Daniel?« fragte ich. Ich erinnere mich, daß ich gedacht hatte, die Wellen müßten an diesem Tag lausig gewesen sein.

»Er hatte einen Unfall, aber er wird bald wieder gesund sein.«

Der schlimmste Alptraum einer berufstätigen, reisenden Mutter war wahr geworden. Ich rannte so schnell zum Auto, daß der Absatz meines Schuhs abbrach. Ich riß die Tür auf, und mein jüngster Sohn mit Augenklappe beugte sich mit ausgestreckten Armen zu mir nach vorn und weinte: »Oh, Ma, ich bin so froh, daß du zu Hause bist.«

Ich schluchzte in seinen Armen und sagte ihm, wie schrecklich ich mich fühlte, weil ich nicht dagewesen war, als der Rettungsschwimmer anrief.

»Es ist okay, Mom«, tröstete er mich. »Du kannst sowieso nicht surfen.«

»Was?« fragte ich, verwirrt von seiner Logik.

»Es wird mir bessergehen. Der Doktor sagt, ich kann in acht Tagen wieder ins Wasser gehen.«

Hat er den Verstand verloren? Ich wollte ihm sagen, daß ihm nicht erlaubt sei, in die Nähe von Wasser zu gehen, bis er 35 wäre, aber statt dessen biß ich mir auf die Zunge und betete, er möge das Surfen für immer vergessen.

In den nächsten sieben Tagen drängte er mich

immer wieder, ihn aufs Brett zurückgehen zu lassen. Eines Tages, nachdem ich mit Nachdruck zum hundertsten Mal »nein« gesagt hatte, schlug er mich mit meinen eigenen Waffen.

»Mom, du hast uns beigebracht, nie das aufzugeben, was wir lieben.«

Dann gab er mir Bestechungsgeld – ein gerahmtes Gedicht von Langston Hughe, das er gekauft hatte, »weil es mich an dich erinnerte«.

MUTTER ZUM SOHN
Nun, Sohn, ich sag dir:
Das Leben ist für mich keine Kristalltreppe gewesen.
Es lagen Nägel drauf.
Und Splitter,
Und herausgerissene Bretter,
Und Stellen ohne Teppich auf dem Boden –
Kahl.
Aber all die Zeit
Bin ich raufgestiegen,
Und hab Flure erreicht
Und bin um Ecken gegangen,
Und manchmal bin ich im Dunkeln gegangen,
Wo's keine Lichter gab.
Also, Junge, dreh dich nicht um,
Setz dich nicht auf die Stufen,

Weil du es ziemlich hart findest,
Fall jetzt nicht –
Denn ich geh immer noch, Schätzchen,
Ich steig immer noch,
Und das Leben ist für mich keine Kristalltreppe gewesen.

Ich gab nach.

Zu der Zeit war Daniel nur ein Junge mit einer Leidenschaft für das Surfen. Jetzt ist er ein Mann mit Verantwortung. Er rangiert unter den Top 25 der weltbesten Profisurfer.

Ich wurde in meinem eigenen Hinterhof in bezug auf ein wichtiges Prinzip geprüft, das ich Zuhörern in fernen Städten lehre: »Leidenschaftliche Menschen ergreifen, was sie lieben, und geben nie auf.«

Danielle Kennedy

Scheitern? Nein! Nur vorübergehende Rückschläge

Die Dinge im Keim zu erkennen, das ist Schöpferkraft.

Laotse

Wenn Sie mich heute in meinem Büro in Kalifornien besuchen könnten, würde ihnen auf einer Seite des Raumes eine wunderschöne, altmodische Bar aus spanischen Fliesen und Mahagoniholz mit neun lederbezogenen Stühlen auffallen (die Art, wie man sie in den alten Drugstores hatte). Ungewöhnlich? Ja. Aber wenn diese Stühle sprechen könnten, würden sie Ihnen eine Geschichte über den Tag erzählen, an dem ich fast die Hoffnung verloren hatte und aufgeben wollte.

Es war eine Zeit der Rezession nach dem Zweiten Weltkrieg, und die Arbeit war knapp. Cowboy Bob, mein Mann, hatte eine kleine chemische Reinigung mit geliehenem Geld gekauft. Wir hatten zwei süße Babys, ein kleines Haus und all die üblichen Abzahlungen. Dann brach alles zusammen. Es war kein Geld da für die Abzahlung des Hauses und alles andere.

Mir war klar, daß ich keine besondere Begabung, keine Ausbildung, keine College-Bildung hatte. Ich hielt nicht viel von mir selbst. Aber ich erinnerte mich an jemanden aus der Vergangenheit, der dachte, ich hätte eine kleine Fähigkeit – meine Lehrerin für Englisch an der Alhambra-High-School. Sie inspirierte mich, Journalismus zu wählen, und ernannte mich zur Werbeleiterin und Redakteurin für Features der Schülerzeitung. Ich dachte: »Wenn ich nun eine ›Käuferkolumne‹ für die kleine Wochenzeitung in unserem ländlichen Ort schreiben könnte, könnte ich vielleicht die Abzahlung für das Haus verdienen.«

Ich hatte kein Auto und keinen Babysitter. Also schob ich in einem wackeligen Sportwagen meine beiden Kinder mit einem großen, am Rücken festgebundenen Kissen vor mir her. Das Rad fiel immer ab, aber ich stieß es mit der Ferse wieder fest und ging weiter. Ich war entschlossen, daß meine Kinder ihr Heim nicht verlieren sollten, wie es mir oft als Kind geschehen war.

Aber bei der Zeitung waren keine freien Stellen. Rezession. Mir kam eine Idee. Ich fragte, ob ich Platz für Anzeigen zum Großhandelspreis kaufen und ihn zum Einzelhandelspreis als ›Käuferkolumne‹ verkaufen könne. Sie waren einverstanden und erzählten mir später, daß sie mir im Geiste eine Woche gegeben hätten, in der ich diesen kaputten, schwer beladenen Sportwagen diese Landstraße entlanggeschoben haben würde, bevor ich es aufgegeben hätte. Aber sie irrten sich.

Die Zeitungskolumnenidee funktionierte. Ich verdiente genug Geld für die Abzahlungen fürs Haus und für ein altes gebrauchtes Auto, das Cowboy Bob für mich fand. Dann stellte ich ein High-School-Mädchen als Babysitter von drei bis fünf jeden Nachmittag ein. Wenn die Uhr drei schlug, griff ich meine Zeitungsmuster und flog aus der Tür, um zu meinen Terminen zu fahren.

Aber an einem dunklen, regnerischen Nachmittag wurden alle Aussichten auf Anzeigen, an denen ich gearbeitet hatte, zunichte gemacht, als ich hinfuhr, um ihre Kopien abzuholen.

»Warum?« fragte ich. Sie sagten, sie hätten bemerkt, daß Ruben Ahlman, der Vorsitzende der Handelskammer und Besitzer des Rexall Drug Store, keine Anzeigen bei mir aufgab. Sein Laden war der beliebteste in der Stadt. Sie respektierten sein Urteil. »Es muß etwas mit ihrer Werbung nicht stimmen«, erklärten sie.

Mein Herz sank. Diese vier Anzeigen hätten die Abzahlung des Hauses ausgemacht. Dann dachte ich, ich werde versuchen, noch einmal mit Mr. Ahlman zu sprechen. Jeder liebt und respektiert ihn. Bestimmt wird er zuhören. Jedesmal, wenn ich in der Vergangenheit versucht hatte, ihn anzusprechen, hatte er sich geweigert, mich zu sehen. Er war immer »weg« oder nicht erreichbar. Ich wußte, wenn er Anzeigen bei mir aufgab, würden die anderen Händler seinem Beispiel folgen.

Als ich dieses Mal in den Rexall Drug Store ging, war er da, hinten am Ladentisch. Ich lächelte mein schönstes Lächeln und hielt meine kostbare »Käuferkolumne« hoch, die sorgfältig mit den grünen Wachsmalstiften meiner Kinder markiert war. Ich sagte: »Jeder respektiert Ihre Meinung, Mr. Ahlman. Würden Sie sich meine Arbeit nur einen Moment ansehen, so daß ich den anderen Händlern sagen kann, was Sie denken?«

Sein Mund fiel senkrecht nach unten und bildete ein umgedrehtes U. Ohne ein Wort zu sagen, schüttelte er den Kopf mit Nachdruck in der eisigen verneinenden Bewegung: »NEIN!« Mein zusammengekrampftes Herz fiel mit solch einem dumpfen Aufschlag zu Boden, daß ich dachte, jeder müßte es gehört haben.

Plötzlich verließ mich all mein Enthusiasmus. Ich schaffte es bis zu der schönen alten Bar am vorderen Ende des Drugstore; ich fühlte, daß ich nicht die Kraft hatte, nach Hause zu fahren. Ich wollte nicht an der Bar sitzen, ohne etwas zu kaufen, also zog ich mein letztes Zehncentstück heraus und bestellte eine Kirsch-Cola. Ich überlegte verzweifelt, was ich tun sollte. Würden meine Kinder ihr Zuhause verlieren, wie ich so viele Male, als ich aufwuchs? Hatte meine Lehrerin für Journalismus sich geirrt? Vielleicht war das Talent, von dem sie gesprochen hatte, nur ein Reinfall. Meine Augen füllten sich mit Tränen.

Eine weiche Stimme neben mir auf dem nächsten Barstuhl sagte: »Was ist los, Liebes?« Ich blickte auf das mitfühlende Gesicht einer lieben, grauhaarigen Dame. Ich sprudelte meine Geschichte heraus und endete mit: »Aber Mr. Ahlman, den jeder so respektiert, sieht sich meine Arbeit nicht an.«

»Lassen Sie mich diese Käuferkolumne sehen«, sagte sie. Sie nahm die markierte Ausgabe der Zeitung in die Hand und las sie sorgfältig durch. Dann drehte sie sich auf dem Stuhl herum, stand auf, schaute nach hinten zum Ladentisch, und mit befehlender Stimme, die im weiten Umkreis hörbar war, sagte sie: »Ruben Ahlman, komm *hierher*!« Die Dame war Mrs. Ahlman!

Sie sagte Ruben, er solle die Werbung von mir kaufen. Sein Mund bewegte sich in die andere Richtung zu einem breiten Grinsen. Dann fragte sie mich nach den Namen der vier Händler, die mich abgewiesen hatten. Sie ging zum Telefon und rief jeden von ihnen an. Sie umarmte mich und sagte mir, sie warteten darauf, daß ich ihre Anzeige abholte.

Ruben und Vivian Ahlman wurden unsere lieben Freunde und auch feste Werbekunden. Ich erfuhr, daß Ruben ein liebenswürdiger Mann war, der von jedem kaufte. Er hatte Vivian versprochen, keine Werbung mehr zu kaufen. Er hatte nur versucht, sein Wort zu halten. Wenn ich nur andere Leute in der Stadt gefragt hätte, hätte ich erfahren können, daß ich zuerst mit Mrs. Ahlman hätte sprechen sollen. Dieses Gespräch auf den Stühlen der Bar war der Wendepunkt. Mein Werbegeschäft dehnte sich aus und wuchs auf vier Büros mit 285 Angestellten an, die viertausend ständige Werbekunden betreuten.

Als Mr. Ahlman später den alten Drugstore modernisierte und die Bar entfernte, kaufte sie mein lieber Ehemann Bob und richtete sie zu meinem Büro ein. Wenn Sie hier in Kalifornien wären, säßen wir auf den Barstühlen zusammen. Ich würde Ihnen eine Kirsch-Cola einschenken und Sie daran erinnern, daß man nie aufgeben soll, und daran, daß Hilfe immer näher ist, als wir wissen.

Dann würde ich Ihnen sagen, daß, wenn man nicht mit einer Schlüsselperson sprechen kann, man weitere Informationen sammeln sollte. Versuchen, auf einem anderen Weg hinzukommen. Jemanden suchen, der als dritte Person für einen sprechen kann. Und schließlich würde ich Ihnen diese funkelnden, erfrischenden Worte von Bill Marriot von den Marriot-Hotels mitgeben:

Scheitern? Das ist mir nie begegnet.
Alles, was mir begegnete, waren vorübergehende Rückschläge.

Dottie Walters

Damit ich kreativer werden kann, warte ich auf …

1. Inspiration
2. Erlaubnis
3. Beruhigung
4. daß der Kaffee fertig ist
5. daß ich an der Reihe bin
6. jemanden, der mir den Weg ebnet
7. den Rest der Regeln
8. daß jemand sich ändert
9. breitere Fahrrinnen
10. Rache
11. daß die Latten niedriger sind

12. mehr Zeit
13. daß eine bedeutsame Beziehung
    a) sich verbessert
    b) beendet ist
    c) sich ereignet
14. den richtigen Menschen
15. ein Desaster
16. daß die Zeit fast abgelaufen ist
17. einen offensichtlichen Sündenbock
18. daß die Kinder ausziehen
19. einen Dow-Jones von 1500
20. daß die Wölfe bei den Lämmern wohnen
21. gegenseitiges Einvernehmen
22. eine bessere Zeit
23. ein günstigeres Horoskop
24. daß meine Jugend zurückkehrt
25. das zweiminütige Warnsignal
26. daß der Anwaltsstand reformiert wird
27. daß Richard Nixon wiedergewählt wird
28. das Alter, das mir das Recht auf Exzentrik gibt
29. morgen
30. Buben oder höher
31. meinen jährlichen Check-up
32. einen besseren Freundeskreis
33. daß die Latten höher sind
34. daß das Semester anfängt

35. daß mein Weg frei ist
36. daß die Katze aufhört, am Sofa zu kratzen
37. die Abwesenheit eines Risikos
38. daß der bellende Nachbarshund die Stadt verläßt
39. daß mein Onkel vom Militärdienst zurückkommt
40. daß jemand mich entdeckt
41. mehr geeigneten Schutz
42. eine niedrigere Kapitalertragssteuer
43. daß das Verjährungsgesetz ausläuft
44. daß meine Eltern sterben (Witz!)
45. ein Heilmittel für Herpes/Aids
46. daß alles verschwindet, was ich nicht verstehe oder billige
47. daß Kriege beendet werden
48. daß meine Liebe neu entflammt
49. daß jemand aufpaßt
50. klar geschriebene Anweisungen
51. bessere Geburtenkontrolle
52. das Ende von Armut, Ungerechtigkeit, Grausamkeit, Betrug, Unfähigkeit, Pest, Verbrechen, unverschämten Unterstellungen
53. daß ein konkurrierendes Patent erlischt
54. daß Chicken Little wiederkommt
55. daß meine Untergebenen reifer werden
56. daß mein Ego gestärkt wird

57. daß der Schornstein raucht
58. meine neue Kreditkarte
59. den Klavierstimmer
60. daß diese Besprechung vorbei ist
61. daß meine Außenstände aufgelöst werden
62. daß die Arbeitslosenunterstützung ausläuft
63. den Frühling
64. daß mein Anzug aus der Reinigung kommt
65. daß meine Selbstachtung wiederhergestellt ist
66. ein Zeichen vom Himmel
67. daß die Unterhaltszahlungen beendet sind
68. daß die Perlen meiner Brillanz, die in meinen ersten, unbeholfenen Versuchen verborgen liegen, erkannt, bejubelt und reich belohnt werden, damit ich in Ruhe am zweiten Entwurf arbeiten kann
69. daß verschiedene Schmerzen und Beschwerden nachlassen
70. kürzere Schlangen in der Bank
71. daß der Wind auffrischt
72. daß meine Kinder rücksichtsvoll, ordentlich, gehorsam und finanziell unabhängig sind
73. die nächste Saison
74. daß jemand anders sich aufrafft
75. daß mein gegenwärtiges Leben zur Generalprobe erklärt wird, bei der bis zur Premiere einige Änderungen im Drehbuch erlaubt sind

76. daß die Logik siegt
77. das nächste Mal
78. daß Sie mir aus dem Licht gehen
79. daß mein Schiff einläuft
80. ein besseres Deodorant
81. daß meine Dissertation fertig wird
82. einen spitzen Bleistift
83. daß der Scheck gedeckt ist
84. daß meine Frau, der Film oder der Bumerang wiederkommen
85. die Genehmigung meines Arztes, die Erlaubnis meines Vaters, den Segen meines Ministers, die Zustimmung meines Anwalts
86. den Morgen
87. daß Kalifornien im Ozean versinkt
88. eine weniger turbulente Zeit
89. daß der Eismann kommt
90. bessere Abschreibungen
91. daß mein Drang, zu rauchen, aufhört
92. daß die Kurse fallen
93. daß die Kurse steigen
94. daß die Kurse sich stabilisieren
95. daß der Nachlaß meines Großvaters geregelt ist
96. Wochenendbezahlung
97. eine Gedächtnisstütze
98. daß Sie zuerst anfangen

David B. Campbell

Jeder kann etwas

Der wesentliche Unterschied zwischen einem gewöhnlichen Menschen und einem Krieger ist, daß ein Krieger alles als Herausforderung ansieht, während ein gewöhnlicher Mensch alles entweder als Segen oder als Fluch ansieht.

Don Juan

Roger Crawford hatte alles, was er brauchte, um Tennis zu spielen – außer zwei Händen und einem Bein.

Als Rogers Eltern ihren Sohn zum ersten Mal sahen, sahen sie ein Baby mit einer daumenähnlichen Verlängerung, die direkt aus seinem rechten Unterarm herausragte, und einem Daumen und einem Finger, die aus seinem linken Unterarm hervorstanden. Die Arme und Beine des Babys waren verkürzt, und es hatte nur drei Zehen an seinem eingeschrumpften rechten Fuß und ein runzeliges linkes Bein, das später amputiert wurde.

Der Arzt sagte, Roger litte am EEC-Syndrom, einem seltenen Geburtsfehler, von dem nur eines von neunzigtausend Kindern in den Vereinigten Staaten betroffen sei. Der Arzt sagte, daß Roger wahrscheinlich nie laufen oder für sich selbst sorgen könne. Glücklicherweise glaubten Rogers Eltern dem Arzt nicht.

»Meine Eltern lehrten mich immer, daß ich nur so weit behindert sei, wie ich es wollte«, sagte Roger. »Sie erlaubten mir nie, Selbstmitleid zu haben oder Menschen wegen meiner Behinderung auszunutzen. Einmal kam ich in Schwierigkeiten, weil ich meine Hausaufgaben immer zu spät abgab«, erläuterte Roger, der seinen Bleistift mit beiden »Händen« halten mußte, um langsam zu schreiben. »Ich bat Dad, einen Brief an meine Lehrer zu schreiben, in dem er um zwei Tage Verlängerung für meine Aufgaben bitten sollte. Statt dessen ließ mich Dad meine Aufgaben zwei Tage früher anfangen!«

Rogers Vater ermutigte ihn immer, beim Sport mitzumachen, und brachte Roger bei, einen Volleyball zu fangen und zu werfen und nach der Schule auf dem Hinterhof Football zu spielen. Im Alter von zwölf gelang es Roger, im Footballteam der Schule mitzuspielen.

Vor jedem Spiel visualisierte Roger seinen Traum, einen Touchdown zu erreichen. Dann, eines Tages, bekam er seine Chance. Der Ball landete in seinen Armen, und er rannte los, so schnell er auf seiner Prothese konnte, auf die Ziellinie zu, sein Coach und seine Mannschaftskameraden brachen in wilden Jubel aus. Aber an der Neunmeterlinie holte ein Junge aus der anderen Mannschaft Roger ein und griff nach seinem linken Knöchel. Roger versuchte, seine Prothese wegzureißen, aber statt dessen wurde sie abgerissen.

»Ich stand immer noch«, erinnerte sich Roger. »Ich wußte nicht, was ich sonst tun sollte, also hüpfte ich auf die Ziellinie zu. Der Schiedsrichter rannte herüber und warf die Hände in die Luft. Touchdown! Wissen Sie, noch besser als die sechs Punkte war der Ausdruck auf dem Gesicht des anderen Jungen, der meine Prothese festhielt.«

Rogers Liebe zum Sport wuchs und ebenso sein Selbstvertrauen. Aber nicht jedes Hindernis wich vor Rogers Entschlossenheit. Das Essen in der Kantine mit den anderen Kindern, die ihn beobachteten, wie er mit seinem Essen hantierte, stellte sich für Roger als schmerzlich heraus, ebenso wie sein wiederholtes Scheitern im Schreibmaschinenkurs. »Ich lernte eine sehr gute Lektion im Schreibmaschinenkurs«, sagte Roger. »Man kann nicht *alles* – es ist besser, sich darauf zu konzentrieren, was man *kann*.«

Etwas, was Roger konnte, war, einen Tennisschläger zu schwingen. Unglücklicherweise, wenn er ihn kräftig schwang, schoß er ihn bei seinem kraftlosen Griff in den Weltraum. Mit Glück stieß Roger in einem Sportgeschäft auf einen seltsam aussehenden Tennisschläger und klemmte sich aus Versehen den Finger in dem doppelten Griff ein, als er ihn in die Hand nahm. Er paßte einigermaßen und ermöglicht Roger, zu schwingen, aufzuschlagen und einen Volley zu spielen wie ein gesunder Spieler. Er übte jeden Tag und spielte – und verlor – bald Turniere.

Aber Roger ließ nicht locker. Er übte und übte und spielte und spielte. Chirurgische Eingriffe an den beiden Fingern seiner linken Hand befähigten Roger, seinen speziellen Schläger besser zu greifen, und verbesserten sein Spiel erheblich. Obwohl er keine Vorbilder hatte, die ihn anleiten konnten, wurde Roger vom Tennisspielen besessen und begann mit der Zeit zu gewinnen.

Roger spielte am College weiterhin Tennis und beendete seine Tenniskarriere mit 22 Gewinnen und 11 Verlusten. Er wurde später der erste körperlich behinderte Tennisspieler, der als professioneller Lehrer durch die *United States Professional Tennis Association* geprüft war. Roger bereist jetzt das Land und spricht darüber, was nötig ist, um ein Gewinner zu sein, egal, wer man ist.

»Der einzige Unterschied zwischen Ihnen und mir ist, daß Sie meine Behinderung sehen können, aber ich nicht Ihre. Wir *alle* haben eine. Wenn Leute mich fragen, wie ich meine körperlichen Behinderungen überwunden habe, sage ich ihnen, daß ich nichts überwunden habe. Ich habe einfach gelernt, was ich nicht kann – wie zum Beispiel Klavierspielen oder mit Stäbchen essen –, aber was wichtiger ist, ich habe gelernt, was ich *kann*. Dann tue ich, was ich kann, mit Herz und Seele.«

Jack Canfield

Ja, du kannst es

Erfahrung ist nicht, was einem Menschen geschieht. Es ist, was ein Mensch damit anfängt, was ihm geschieht.

Aldous Huxley

Was wäre, wenn Sie im Alter von 46 bei einem schrecklichen Motorradunfall zur Unkenntlichkeit verbrannt und vier Jahre später dann als Folge eines Flugzeugunglücks von der Hüfte an abwärts gelähmt wären? Könnten Sie sich vorstellen, Millionär zu werden, ein geachteter öffentlicher Redner, ein glücklicher Ehemann und erfolgreicher Geschäftsmann? Könnten Sie sich selbst beim Wildwasserfahren sehen? Beim Fallschirmspringen? Dabei, für ein politisches Amt zu kandidieren?

W. Mitchell hat dies alles und mehr getan, *nachdem* zwei schreckliche Unfälle ihn mit einem Gesicht wie ein Flickenteppich aus vielfarbigen Hauttransplantaten, mit fingerlosen Händen und dünnen, bewegungslosen Beinen in einem Rollstuhl zurückließen.

Nach den 16 Operationen, die Mitchell nach dem Motorradunfall, der mehr als 65 Prozent seines Körpers verbrannte, über sich ergehen ließ, war er unfähig, eine Gabel in die Hand zu nehmen, eine Telefonnummer zu wählen oder ohne Hilfe ins Bad zu gehen. Aber Mitchell, ein früherer Angehöriger der Marine, glaubte nie daran, daß er besiegt sei. »Ich habe mein eigenes Raumschiff unter Kontrolle«, sagte er. »Es ist mein Auf und mein Ab. Ich konnte mir aussuchen, diese Situation als Rückschlag oder als Ausgangspunkt anzusehen.« Sechs Monate später flog er wieder ein Flugzeug.

Mitchell kaufte sich ein viktorianisches Haus in Colorado, einige Immobilien, ein Flugzeug und eine Gaststätte. Später tat er sich mit zwei Freunden als Mitbegründer einer Firma für Holzöfen zusammen, die zu Vermonts größtem privaten Arbeitgeber wurde.

Vier Jahre nach dem Motorradunfall stürzte dann das Flugzeug, das Mitchell steuerte, beim Abheben wieder auf die Landebahn, dabei wurden Mitchells zwölf Brustwirbel gebrochen, und er wurde von den Hüften abwärts dauerhaft gelähmt. »Ich fragte mich, was zum Teufel mit mir passierte. Was hatte ich getan, daß ich das verdiente?«

Unverzagt arbeitete Mitchell Tag und Nacht daran, soviel Unabhängigkeit wie möglich zurückzugewinnen. Er wurde zum Bürgermeister von Crested Butte, Colorado, gewählt, um die Stadt vor dem Bergbau zu bewahren, der ihre Schönheit und die Umwelt zerstört hätte. Später kandidierte Mitchell für den Kongreß, indem er seine merkwürdige Erscheinung mit Hilfe von Slogans wie »Nicht noch ein schönes Gesicht« in einen Vorteil verwandelte.

Trotz seines anfänglich schockierenden Äußeren und der körperlichen Herausforderungen, fing Mitchell mit Wildwasserfahren an, er verliebte sich und heiratete, machte ein Diplom in öffentlicher Verwaltung und setzte das Fliegen, Naturschutzaktivitäten und öffentliche Vorträge fort. Mitchells unerschütterlich positive geistige Haltung brachte ihm Auftritte in der »Sunday Show« und »Good Morning America« sowie Features in *Parade, Time, The New York Times* und anderen Publikationen.

»Bevor ich gelähmt wurde, gab es zehntausend Dinge zu tun«, sagte Mitchell. »Jetzt gibt es neuntausend. Ich kann mich entweder in Gedanken mit den tausend beschäftigen, die ich verloren habe, oder mich auf die neuntausend konzentrieren, die mir geblieben sind. Ich sage den Leuten immer, daß ich zwei große Erschütterungen in meinem Leben hatte. Wenn ich beschlossen hätte, sie nicht als Entschuldigung zum Aufhören zu benutzen, dann könnten vielleicht einige der Erfahrungen, die einen zurückwerfen, in einer neuen Perspektive gesehen werden. Man kann einen Schritt zurücktreten, einen größeren Überblick gewinnen und hat die Chance zu sagen: ›Vielleicht ist das am Ende gar keine so große Sache.‹

Denken Sie daran: ›Es geht nicht darum, was mit einem geschicht, es geht darum, was man damit anfängt.‹«

Jack Canfield und Mark V. Hansen

Lauf, Patti, lauf

In einem jugendlich zarten Alter erfuhr Patti Wilson von ihrem Arzt, daß sie Epileptikerin sei. Ihr Vater, Jim Wilson, hatte die Gewohnheit, jeden Morgen zu joggen. Eines Tages lächelte sie durch ihre Teenagerzahnspange und sagte: »Daddy, was ich wirklich gern tun würde, ist, jeden Tag mit dir zu laufen, aber ich befürchte, ich könnte einen Anfall bekommen.«

Ihr Vater sagte zu ihr: »Wenn du einen hast, weiß ich, wie ich damit umgehen muß, also laß uns anfangen zu laufen!«

Das taten sie nun jeden Tag. Es war eine wundervolle Erfahrung, die sie miteinander teilten, und es gab überhaupt keine Anfälle, während sie lief. Nach ein paar Wochen sagte sie zu ihrem Vater: »Daddy, was ich wirklich gern tun würde, ist, den Weltrekord im Langstreckenlauf der Damen zu brechen.«

Ihr Vater sah im *Guinessbuch der Rekorde* nach und stellte fest, daß die längste Strecke, die eine Frau je gelaufen war, achtzig Meilen betrug. In ihrem ersten Jahr in der High-School verkündete Patti: »Ich werde von Orange County nach San Francisco laufen.« (Eine Strecke von vierhundert Meilen.) »In meinem zweiten Jahr«, fuhr sie fort, »werde ich nach Portland, Oregon, laufen.« (Über eintausendfünfhundert Meilen.) »In der Mittelstufe werde ich nach St. Louis laufen.« (Etwa zweitausend Meilen.) »In der Oberstufe werde ich zum Weißen Haus laufen.« (Mehr als dreitausend Meilen entfernt.)

In Anbetracht ihrer Behinderung war Patti genauso ehrgeizig, wie sie begeistert war, aber sie sagte, sie sähe die Behinderung, Epileptikerin zu sein, einfach als »eine Unbequemlichkeit« an. Sie konzentrierte sich nicht darauf, was sie verloren hatte, sondern was ihr *geblieben* war.

In jenem Jahr brachte sie ihren Lauf nach San Francisco zu Ende, wobei sie ein T-Shirt mit der Aufschrift »Ich liebe Epileptiker« trug. Ihr Vater lief jede Meile an ihrer Seite, und ihre Mutter, eine Krankenschwester, folgte ihnen in einem Wohnmobil, falls etwas schiefgehen sollte.

In ihrem zweiten Jahr standen Pattis Klassenkameraden hinter ihr. Sie bastelten ein riesiges Poster mit der Aufschrift »Lauf, Patti, lauf!« (Dies ist seitdem ihr Motto und der Titel eines Buches, das sie geschrieben hat.) Auf ihrem zweiten Marathon, auf dem Weg nach Portland, brach sie sich einen Fußknochen. Ein Arzt sagte ihr, daß sie ihren Lauf aufgeben müsse. Er sagte: »Ich muß einen Gipsverband an deinen Knöchel anlegen, damit du keinen dauerhaften Schaden erleidest.«

»Doc, Sie verstehen nicht«, sagte sie. »Dies ist nicht einfach eine Laune von mir, es ist eine große Besessenheit! Ich tue das nicht nur für mich, ich tue es, um die geistigen Fesseln zu sprengen, durch die so viele andere eingeschränkt sind. Gibt es keine Möglichkeit, daß ich weiterlaufen kann?«

Er gab ihr eine Wahlmöglichkeit. Er könne den Fuß mit Heftpflaster umwickeln, anstatt ihn einzugipsen. Er warnte sie, daß es unglaublich schmerzhaft wäre, und er sagte ihr: »Es wird Blasen verursachen.«

Sie sagte dem Arzt, er solle ihn umwickeln.

Sie beendete den Lauf nach Portland und die letzte Meile in Begleitung des Gouverneurs von Oregon. Sie haben vielleicht die Schlagzeilen gesehen: »Super-Läuferin Patti Wilson beendet Marathon für Epilepsie an ihrem 17. Geburtstag.«

Nach vier Monaten des fast pausenlosen Laufens von der Westküste zur Ostküste kam Patti in Washington an und schüttelte die Hand des Präsidenten der Vereinigten Staaten. Sie sagte zu ihm: »Ich wollte, daß die Leute wissen, Epileptiker sind normale Menschen mit einem normalen Leben.«

Ich erzählte diese Geschichte vor nicht allzulanger Zeit in einem Seminar, und anschließend kam ein Mann mit feuchten Augen auf mich zu, streckte seine große, fleischige Hand aus und sagte: »Mark, mein Name ist Jim Wilson. Sie haben über meine Tochter Patti gesprochen.« Wegen ihrer heldenhaften Leistungen, sagte er mir, wurde genug Geld aufgebracht, um 19 mehrere Millionen Dollar teure Epilepsie-Zentren im ganzen Land einzurichten.

Wenn Patti Wilson so viel mit so wenig erreichen kann, was können Sie in einem Zustand völliger Gesundheit vollbringen?

Mark V. Hansen

Die Macht der Entschlossenheit

Das kleine Landschulhaus wurde durch einen altmodischen Kanonenofen mit Kohlen beheizt. Ein kleiner Junge hatte die Aufgabe, jeden Tag früh in die Schule zu kommen, um das Feuer zu entfachen und den Raum aufzuwärmen, bevor sein Lehrer und seine Klassenkameraden kamen.

Eines Morgens kamen sie und fanden das Schulhaus in Flammen eingehüllt. Sie zogen den bewußtlosen kleinen Jungen mehr tot als lebendig aus dem brennenden Gebäude heraus. Er hatte schwere Verbrennungen am unteren Teil seines

Körpers und wurde in das nahe gelegene Bezirkskrankenhaus gebracht.

Von seinem Bett aus hörte der entsetzlich verbrannte, halb bewußtlose kleine Junge schwach, wie der Arzt mit seiner Mutter sprach. Der Arzt sagte seiner Mutter, daß ihr Sohn sicherlich sterben würde – was auch wirklich das Beste wäre –, denn das schreckliche Feuer hatte den unteren Teil seines Körpers zerstört.

Aber der tapfere Junge wollte nicht sterben. Er faßte den Entschlüß zu überleben. Irgendwie, zum Erstaunen des Arztes, überlebte er. Als die Lebensgefahr vorüber war, hörte er wieder den Arzt und seine Mutter leise sprechen. Der Mutter wurde gesagt, daß, da das Feuer soviel Gewebe des unteren Teils seines Körpers zerstört hatte, es fast besser gewesen wäre, wenn er gestorben wäre, da er dazu verurteilt war, sein Leben lang ein Krüppel zu sein, der seine unteren Gliedmaßen überhaupt nicht gebrauchen konnte.

Einmal mehr faßte der kleine Junge einen Entschluß. Er würde *kein* Krüppel sein. Er würde gehen. Aber unglücklicherweise war er von der Hüfte abwärts bewegungsunfähig. Seine dünnen Beine baumelten dort herab, ganz leblos.

Schließlich wurde er aus dem Krankenhaus entlassen. Jeden Tag massierte seine Mutter seine kleinen Beine, aber da war kein Gefühl, keine Kontrolle – nichts. Doch sein Entschluß, daß er gehen würde, war so stark wie nie zuvor. Wenn er nicht im Bett war, war er an seinen Rollstuhl gefesselt. An einem sonnigen Tag schob seine Mutter ihn in den Garten hinaus, um etwas frische Luft zu schöpfen. An diesem Tag, anstatt einfach dazusitzen, warf er sich selbst aus dem Stuhl. Er zog sich durch das Gras, seine Beine hinter sich herschleifend.

Er arbeitete sich bis zum weißen Palisadenzaun, der ihre Parzelle abgrenzte, vor. Mit großer Mühe zog er sich an dem Zaun hoch. Dann, Pfosten für Pfosten, zog er sich an dem Zaun entlang, fest entschlossen, daß er gehen würde. Er begann, dies jeden Tag zu tun, bis er einen schmalen Pfad rund um den Hof am Zaun entlang eingekerbt hatte. Es gab nichts, was er mehr wollte, als Leben in diesen Beinen zu entwickeln.

Schließlich, durch seine täglichen Massagen, seine eiserne Beharrlichkeit und seine große Entschlossenheit, entwickelte er die Fähigkeit, aufrecht zu stehen, dann unsicher zu gehen, dann selbständig zu gehen – und dann – zu laufen.

Er begann, in die Schule zu gehen, dann in die Schule zu laufen, aus reiner Freude am Laufen zu laufen. Später, im College, schaffte er es, in die Leichtathletikmannschaft zu kommen.

Noch später, in Madison Square Garden, lief dieser junge Mann – von dem nicht erwartet wurde, daß er überlebte, der sicherlich nie gehen würde, der nie hoffen konnte zu laufen –, dieser entschlossene junge Mann, Dr. Glenn Cunningham, eine Meile in der weltbesten Zeit.

Burt Dubin

Glaube

Wir sind von einer verbissenen Art, wir Tetras. Wenn wir das nicht wären, wären wir jetzt nicht hier. Ja, wir sind von einer verbissenen Art. Auf manche Weise sind wir mit Köpfchen und einem Geist gesegnet, die nicht vielen gegeben sind.

Und lassen Sie mich sagen, daß diese Weigerung der totalen oder vollen Hinnahme einer Behinderung mit etwas eng verknüpft ist – Glaube, fast Gottvertrauen.

In der Eingangshalle des Institute of Physical Medicine und Rehabilitation, drüben am East River, in der 400 East 34. Straße in New York City, ist eine Bronzetafel an die Wand genietet. Während der Monate, in denen ich in das Institut zur Behandlung kam – zwei- oder dreimal in der Woche – bin ich viele Male durch diese Eingangshalle gerollt, im Kommen und Gehen. Aber ich nahm mir nie die Zeit, zu der einen Seite hinüberzufahren und die Worte auf der Tafel zu lesen, die, wie es hieß, von einem unbekannten Soldaten der Konföderation geschrieben worden waren. Dann, eines Nachmittags, tat ich es. Ich las sie, und dann las ich sie noch einmal. Als ich zum zweiten Mal zu Ende gelesen hatte, war ich dem Platzen nahe, nicht vor Verzweiflung, sondern aus einem inneren Glühen, das mich veranlaßte, mit Anstrengung die Lehnen meines Rollstuhls zu umgreifen. Ich möchte es mit Ihnen teilen.

EIN GLAUBENSBEKENNTNIS FÜR DIE, WELCHE GELITTEN HABEN

Ich bat Gott um Kraft, damit ich etwas erreichen
könnte.
Ich wurde schwachgemacht, damit ich lernen
sollte, demütig zu gehorchen …
Ich bat um Gesundheit, damit ich große Dinge
tun könnte.
Mir wurde Gebrechlichkeit gegeben, damit ich
bessere Dinge tun möge …
Ich bat um Reichtümer, damit ich glücklich sein
könnte.

Mir wurde Armut gegeben, damit ich weise sein möge…
Ich bat um Macht, damit ich das Lob der Menschen bekommen könnte.
Mir wurde Schwäche gegeben, damit ich das Bedürfnis nach Gott fühlen möge …
Ich bat um alles, damit ich das Leben genießen könnte.
Mir wurde das Leben gegeben, damit ich alles genießen möge.
Ich bekam nichts von dem, worum ich gebeten hatte – aber alles, worauf ich gehofft hatte.
Fast mir selbst zum Trotz wurden meine unausgesprochenen Gebete erhört.
Ich bin unter den Menschen am reichsten gesegnet!

Roy Campanella

Sie rettete 219 Leben

Mrs. Betty Tisdale ist Weltklasseheldin. Als im Jahre 1975 der Krieg in Vietnam aufflammte, wußte sie, daß sie die vierhundert Waisenkinder, die kurz davor waren, auf der Straße ausgesetzt zu werden, retten mußte. Sie hatte bereits fünf verwaiste Mädchen gemeinsam mit ihrem Ehemann, Colonel Patrick Tisdale, einem früheren Kinderarzt, der bereits fünf Kinder hatte, adoptiert.

Als Arzt bei der US-Marine in Vietnam im Jahre 1954 hatte Tom Dooley Flüchtlingen geholfen, aus dem kommunistischen Norden zu fliehen. Betty sagt: »Ich glaube wirklich, daß Tom Dooley ein Heiliger war. Sein Entschluß hat mein Leben für immer verändert.« Wegen Dooleys Buch nahm sie ihre gesamten Ersparnisse und reiste vierzehnmal in ihrem Urlaub nach Vietnam, um die Krankenhäuser und Waisenhäuser, die er gegründet hatte, zu besichtigen und dort zu arbeiten. Während sie in Saigon war, verliebte sie sich in die Waisen im Haus An Lac (Glücklicher Ort), das von Madame Vu Thi Ngai geführt wurde, die später von Betty an dem Tag, als Vietnam fiel, evakuiert wurde und die mit ihr nach Georgia zurückkehrte, um mit Betty und ihren zehn Kindern zu leben.

Als Betty, eine resolute Frau von der Art, die Lösungen für Probleme findet, sobald sie entstehen, das Elend der vierhundert Kinder wahrnahm, trat sie in blitzschnelle Aktion. Sie rief Madame Ngai an und sagte: »Ja! Ich komme und nehme die Kinder und adoptiere sie alle!« Sie wußte nicht, wie sie das tun sollte. Sie wußte nur, daß sie es tun würde. Später, in einem Kinofilm über die Evakuierung

»The Children of An Lac«, wurde Betty von Shirley Jones dargestellt.

Im Nu begann sie, Berge zu versetzen. Sie brachte auf verschiedene Weise das nötige Geld auf, indem sie sogar »OK«-Stempel akzeptierte. Sie beschloß einfach, es zu tun, und sie tat es. Sie sagte: »Ich stellte mir all diese Kinder vor, wie sie in guten christlichen Häusern in Amerika aufwuchsen und nicht im Kommunismus.« Das erhielt ihre Motivation aufrecht.

Sie reiste am Sonntag von Fort Benning, Georgia, nach Vietnam ab, kam am Dienstag in Saigon an und besiegte auf wunderbare Weise und ohne Schlaf jedes Hindernis, um gegen Sonnabend morgen vierhundert Kinder aus Vietnam auszufliegen. Bei ihrer Ankunft gab der Leiter der vietnamesischen Fürsorge, Dr. Dan, bekannt, daß er nur Kinder unter zehn Jahren zulassen würde, und all die Kinder müßten Geburtsurkunden haben. Sie entdeckte schnell, daß Kriegswaisen glücklich sind, einfach am Leben zu sein. Sie haben keine Geburtsurkunde.

Betty ging in die Kinderabteilung des Krankenhauses, erhielt 225 Geburtsurkunden und erfand schnell Geburtsdaten, -uhrzeiten und -orte für die 219 berechtigten Babys, Kleinkinder und Jugendlichen. Sie sagt: »Ich habe keine Ahnung, wann und wo sie geboren und wer ihre Eltern waren. Meine Finger erfanden einfach Geburtsurkunden.« Geburtsurkunden waren die einzige Hoffnung, die sie hatten, um den Ort sicher zu verlassen und eine lebenswerte Zukunft in Freiheit zu haben. Jetzt oder nie.

Nun brauchte sie einen Ort, um die Waisen unterzubringen, wenn sie erst einmal evakuiert wären ... Das Militär in Fort Benning sträubte sich, aber Betty, großartig und beharrlich, ließ sich nicht beirren. Wie sie es auch versuchte, sie konnte den befehlshabenden General nicht ans Telefon bekommen, also rief sie das Büro des Sekretärs der Armee, Bo Callaway, an. Seine Pflicht war es ebenfalls, auf Bettys Anrufe nicht zu antworten, egal, wie dringend und von lebensrettender Wichtigkeit sie waren. Betty war jedoch nicht zu schlagen. Sie war schon so weit gekommen und hatte zuviel getan, um jetzt aufgehalten zu werden. Also, da er aus Georgia kam, rief sie seine Mutter an und setzte sich für ihren Fall ein. Betty appellierte an ihr Herz und bat sie zu vermitteln. Buchstäblich über Nacht reagierte der Sekretär der Armee, ihr Sohn, und sorgte dafür, daß eine Schule in Fort Benning als Übergangswohnheim für die Kinder von An Lac dienen sollte.

Aber die Herausforderung, die Kinder herauszubekommen, mußte noch immer bewältigt werden. Als Betty in Saigon ankam, ging sie sofort zum Botschafter, Graham Martin, und setzte sich für irgendeine Art von Transportmittel für die Kinder ein. Sie hatte versucht, ein Pan-Am-Flugzeug zu chartern, aber der Londoner Lloyds hatte die Versicherung so sehr erhöht, daß es zu der Zeit nicht möglich war zu verhandeln. Der Botschafter war einverstanden zu helfen, wenn alle Papiere durch die vietnamesische Regierung abgefertigt seien. Dr. Dan unterschrieb buchstäblich die letzte Urkunde, als die Kinder an Bord der beiden Luftwaffenflugzeuge gingen. Die Waisen waren fehlernährt und kränkelten. Sie waren ängstlich. Betty hatte Soldaten und die ABC-Mannschaft rekrutiert, um sie festzuschnallen, zu transportieren und ihnen zu essen zu geben. Es ist nicht zu glauben, wie tief und dauerhaft diese Freiwilligen an jenem schönen Sommerabend berührt waren, als 219 Kinder in die Freiheit geflogen wurden. Jeder Freiwillige weinte vor Freude und Dankbarkeit, daß er auf handfeste Weise zu der Freiheit eines anderen beigetragen hatte.

Flugzeuge von den Philippinen nach Hause zu chartern, war eine große Mühe. 21 000 Dollar kostete ein Flugzeug der United Airlines. Dr. Tisdale garantierte für die Bezahlung aus Liebe zu den

Waisen. Hätte Betty mehr Zeit gehabt, hätte sie es wahrscheinlich umsonst bekommen! Aber der Zeitfaktor zählte, also ging sie schnell voran.

Jedes Kind wurde innerhalb eines Monats nach der Ankunft in den Vereinigten Staaten adoptiert. Die Tressler Lutheran Agency in New York, Pennsylvania, die auf die Adoption behinderter Kinder spezialisiert ist, fand für jedes Waisenkind ein Zuhause.

Betty hat immer und immer wieder bewiesen, daß man alles erreichen kann, wenn man nur bereit ist, zu fragen, sich nicht mit einem »Nein« zufriedenzugeben, zu tun, was nötig ist, und nicht aufzugeben.

Wie Dr. Tom Dooley einmal sagte: »Es braucht gewöhnliche Menschen, um außergewöhnliche Dinge zu tun.«

Jack Canfield und Mark V. Hansen

Werden Sie mir helfen?

Im Jahre 1989 machte ein Erdbeben der Stärke 8,2 Armenien fast dem Erdboden gleich; es tötete dreißigtausend Menschen in weniger als vier Minuten.

Inmitten der totalen Verwüstung und des Chaos ließ ein Vater seine Frau in Sicherheit zu Hause und eilte zur Schule, wo sein Sohn sein sollte, nur um zu entdecken, daß das Gebäude völlig eingeebnet war.

Nach dem anfänglichen traumatischen Schock erinnerte er sich an das Versprechen, das er seinem Sohn gegeben hatte: »Was auch geschieht, ich werde immer für dich dasein!« Und Tränen stiegen ihm in die Augen. Als er den Trümmerhaufen betrachtete, der einst die Schule war, sah es hoffnungslos aus, aber er dachte weiter an die Verpflichtung für seinen Sohn.

Er begann, sich darauf zu konzentrieren, in welchen Klassenraum er seinen Sohn jeden Morgen zur Schule begleitet hatte. Indem er sich erinnerte, daß der Klassenraum seines Sohnes an der hinteren rechten Ecke des Gebäudes sein mußte, eilte er dorthin und begann, in den Trümmern zu graben.

Als er beim Graben war, kamen andere verzweifelte Eltern dazu, griffen sich ans Herz und sagten: »Mein Sohn! – Meine Tochter!« Andere wohlmeinende Eltern versuchten, ihn von den Überresten der Schule wegzuziehen, während sie sagten:

»Es ist zu spät!«

»Sie sind tot!«

»Sie können nicht helfen!«

»Gehen Sie nach Hause!«

»Kommen Sie, sehen Sie den Tatsachen ins Gesicht, es gibt nichts, was Sie tun können!«

»Sie werden nur alles schlimmer machen!«

Allen Eltern antwortete er mit nur einem Satz: »Werden Sie mir jetzt helfen?« Und dann fuhr er fort, nach seinem Sohn zu graben, Stein für Stein. Der Feuerwehrhauptmann erschien und versuchte, ihn von den Trümmern der Schule wegzuziehen, indem er sagte: »Feuer brechen aus, es kommt überall zu Explosionen. Sie sind in Gefahr. Wir kümmern uns darum. Gehen Sie nach Hause.« Worauf der liebende, sorgende armenische Vater fragte: »Werden Sie mir jetzt helfen?«

Polizisten kamen und sagten: »Sie sind wütend, verzweifelt, und es ist vorbei. Sie gefährden andere. Gehen Sie nach Hause. Wir erledigen das!« Worauf er antwortete: »Werden Sie mir jetzt helfen?« Niemand half.

Mutig machte er allein weiter, weil er für sich selbst wissen wollte: »Ist mein Junge am Leben, oder ist er tot?«

Er grub acht Stunden … 12 Stunden … 24 Stunden … 36 Stunden … dann, in der 38. Stunde, schob er einen Felsblock weg und hörte die Stimme seines Sohnes. Er schrie den Namen seines Sohnes:

»ARMAND!« Er hörte es zurückrufen: »Dad?! Ich bin es, Dad! Ich habe den anderen Kindern gesagt, sie bräuchten keine Angst zu haben. Ich sagte ihnen, wenn du am Leben bist, wirst du mich retten; und wenn du mich rettest, wären sie gerettet. Du hast versprochen: ›Was auch geschieht, ich werde immer für dich dasein!‹ Das bist du, Dad!«

»Was ist da drinnen los? Wie ist es?« fragte der Vater.

Es sind 14 von uns 33 übrig, Dad. Wir haben Angst, Hunger, Durst, und wir sind dankbar, daß du da bist. Als das Haus einstürzte, bildete es einen Keil, wie ein Dreieck, und das hat uns gerettet.«

»Komm heraus, Junge!«

»Nein, Dad! Laß die anderen Kinder zuerst raus, weil ich weiß, du kommst zu mir! Was auch geschieht, ich weiß, du bist immer für mich da!«

Mark V. Hansen

Nur noch einmal

Es gibt einen englischen Roman aus dem 19. Jahrhundert, der in einer kleinen walisischen Stadt spielt, in der jedes Jahr seit den letzten fünfhundert Jahren sich alle Leute am Weihnachtsabend in der Kirche versammeln und beten. Kurz vor Mitternacht zünden sie Laternen an und gehen, wobei sie Weihnachtslieder und Hymnen singen, auf einem ländlichen, mehrere Meilen langen Pfad zu einer alten, verlassenen Steinhütte. Dort bauen sie eine Weihnachtsszene auf, komplett mit Krippe. Und in schlichter Frömmigkeit knien sie nieder und beten. Ihre Hymnen erwärmen die frostige Dezemberluft. Jeder in der Stadt, der fähig ist zu gehen, ist dort.

Es gibt einen Mythos in der Stadt, einen Glauben, daß, wenn alle Bürger am Weihnachtsabend anwesend sind, und wenn alle in vollkommenem Glauben beten, dann, und nur dann, wird Schlag Mitternacht die Wiederkunft bevorstehen. Und seit fünfhundert Jahren kommen sie zu dieser Steinruine und beten. Doch die Wiederkunft entzieht sich ihnen.

Einer der Hauptcharaktere in diesem Roman wird gefragt: »Glauben Sie, daß Er am Weihnachtsabend in unserer Stadt wieder erscheint?«

»Nein«, antwortet er und schüttelt traurig den Kopf, »nein, das glaube ich nicht.«

»Warum gehen Sie dann jedes Jahr dorthin?« fragte der andere.

»Ah«, sagte er lächelnd, »was ist, wenn ich der einzige wäre, der nicht da ist, wenn es geschieht?«

Nun, das ist ein sehr kleiner Glaube, den er hat, nicht wahr? Aber es ist immerhin ein Glaube. Wie es im Neuen Testament heißt: Wir brauchen nur einen Glauben so klein wie ein Senfkorn zu haben, um ins Himmelreich zu kommen. Und manchmal, wenn wir mit verhaltensgestörten Kindern, gefährdeten Jugendlichen, bekümmerten Teenagern arbeiten, mit Ehepartnern, Freunden oder Patienten, die alkoholkrank, depressiv und selbstmordgefährdet sind oder ihre Kinder mißbrauchen … es ist in diesen Momenten, daß wir dieses kleine bißchen Glauben brauchen, das den Mann veranlaßt hat, wieder und wieder am Weihnachtsabend zu der Steinruine zu kommen. Nur noch einmal. Nur noch einmal. Nur noch dieses eine Mal, vielleicht gelingt mir dann der Durchbruch.

Wir werden manchmal aufgerufen, mit Menschen zu arbeiten, bei denen andere alle Hoffnung aufgegeben haben. Vielleicht sind wir auch zu dem Schluß gekommen, daß es keine Möglichkeit der Veränderung oder des Wachstums gibt. Es ist in solchen Zeiten, daß, wenn wir das kleinste Fünkchen Hoffnung finden, wir über dem Berg sind, einen meßbaren Gewinn erzielen, jemanden retten, der es wert ist. Bitte, geh zurück, mein Freund, nur noch dieses eine Mal.

Hanoch McCarty

Um dich her ist Größe – nutze sie

Es gibt viele Menschen, die Olympiasieger sein könnten, Nationalsportler, die es nie versucht haben. Ich würde schätzen, daß fünf Millionen Menschen mich im Stabhochsprung hätten schlagen können in den Jahren, in denen ich gewonnen habe, *mindestens* fünf Millionen. Männer, die stärker, größer und schneller waren als ich, hätten es schaffen können, aber sie haben nie einen Stab in die Hände genommen, nie den schwachen Versuch unternommen, ihre Beine vom Boden zu heben, um zu versuchen, über die Latte zu kommen.

Größe ist überall um uns her. Es ist leicht, großartig zu sein, weil großartige Menschen dir helfen. Das Phantastische an allen Tagungen, zu denen ich gehe, ist, daß die Größten im Geschäftsleben kommen und ihre Ideen, ihre Methoden und ihre Technik mit jedem teilen. Ich habe gesehen, wie die größten Verkäufer sich öffnen und jungen Verkäufern genau zeigen, wie sie es machen. Sie halten nichts zurück. Ich fand es auch für die Welt des Sports zutreffend.

Ich werde nie die Zeit vergessen, als ich versuchte, den Rekord von Dutch Warmer Dam zu brechen. Ich lag etwa dreißig Zentimeter unter seinem Rekord, also rief ich ihn an. Ich sagte:

»Dutch, kannst du mir helfen? Ich habe mich irgendwie eingependelt. Ich kann nicht höher kommen.«

Er sagte: »Klar, Bob, komm mich besuchen, und ich gebe dir alles, was ich weiß.« Ich verbrachte drei Tage mit dem Meister, dem größten Stabhochspringer der Welt. Drei Tage lang gab mir Dutch alles, was er erfahren hatte. Es gab Dinge, die ich falsch machte, und er korrigierte sie. Um es kurz zu machen, ich kam zwanzig Zentimeter höher. Dieser große Mann gab mir das Beste, was er hatte. Ich fand, daß Meister und Helden des Sports dies sehr bereitwillig tun, nur um dir zu helfen, auch groß zu werden.

John Wooden, der große Basketball-Coach der UCLA, hat eine Einstellung, daß er jeden Tag jemandem helfen sollte, der sich nie revanchieren kann. Das ist seine Verpflichtung.

Als er auf dem College an seiner Magisterarbeit über umsichtigen und defensiven Football schrieb, entwarf George Allen eine dreißig Seiten lange Umfrage und schickte sie an die großen Coachs im Land. 85 Prozent beantworteten sie vollständig.

Großartige Menschen teilen; dadurch wurde George Allen zu einem der größten Football-Coachs der Welt. Großartige Leute erzählen ihre

Geheimnisse. Suchen Sie nach ihnen, rufen Sie sie an, gehen Sie zu ihnen, sprechen Sie mit ihnen. Es ist leicht, großartig zu sein, wenn man großartige Menschen um sich hat.

Bob Richards
Olympionike

7

GESAMMELTE WEISHEIT

Dieses Leben ist eine Prüfung.
Es ist nur eine Prüfung.
Wäre es ein wirkliches Leben,
hättest du weitere Anweisungen
darüber erhalten, wohin du gehen
und was du tun sollst!

Gefunden an einem Schwarzen Brett

Als Marita dreizehn war, herrschte die Ära der selbstgefärbten T-Shirts und ausgefransten Jeans. Obwohl ich in der Depression aufgewachsen war und kein Geld für Kleidung gehabt hatte, habe ich mich nie so ärmlich angezogen. Eines Tages sah ich sie draußen auf der Auffahrt, wie sie die Säume ihrer neuen Jeans mit Schmutz und Steinen scheuerte. Ich war entgeistert, daß sie diese Hose ruinierte, die ich gerade bezahlt hatte, und lief hinaus, um ihr das zu sagen. Sie fuhr fort zu scheuern, als ich meine Seifenoper der Kindheitsentbehrungen erzählte. Als ich schloß, ohne sie zu Tränen der Reue gerührt zu haben, fragte ich sie, warum sie ihre neuen Jeans verdarb. Sie erwiderte, ohne aufzusehen: »Man kann keine neuen tragen.«

»Warum nicht?«

»Man kann einfach nicht, also mache ich sie kaputt, damit sie alt aussieht.« Solch ein totaler Verlust der Logik! Wie konnte es richtig sein, neue Kleidung zu ruinieren?

Jeden Morgen, bevor sie zur Schule ging, starrte ich sie an und seufzte: »Meine Tochter sieht so aus.« Da stand sie in dem alten T-Shirt ihres Vaters, selbst gefärbt, mit großen blauen Flecken und Streifen. Fertig für die Mülltonne, dachte ich.

Und diese Jeans – so tief auf den Hüften, daß ich befürchtete, wenn sie tief Luft holte, würde sie ihr vom Hintern rutschen. Aber wo würde sie landen? Sie war so eng und steif, daß sie sich nicht bewegen ließ. Die ausgefransten Säume, mit Hilfe der Steine, hatten Fäden, die sie hinter sich herzog, wenn sie ging.

Eines Tages, nachdem sie zur Schule gegangen war, war es, als ob Gott der Herr auf mich aufmerksam geworden wäre und sagte: »Ist dir bewußt, was jeden Morgen deine letzten Worte an Marita sind? ›Meine Tochter sieht so aus.‹ Wenn sie in die Schule kommt und ihre Freunde über ihre altmodischen Mütter reden, die sich die ganze Zeit beklagen, wird sie deine ständigen Kommentare beitragen können. Hast du dir jemals die anderen Mädchen in ihrer Klasse angesehen? Warum wirfst du nicht mal einen Blick auf sie?«

Ich fuhr hin, um sie an diesem Tag abzuholen, und beobachtete, daß viele der anderen Mädchen noch schlimmer aussahen. Auf dem Nachhauseweg erwähnte ich, daß ich wegen ihrer ruinierten Jeans überreagiert hatte. Ich bot einen Kompromiß an: »Von jetzt an kannst du in der Schule und bei deinen Freunden tragen, was du willst, und ich werde dir deswegen nicht auf die Nerven gehen.«

»Das wird eine Erleichterung sein.«

»Aber wenn ich mit dir ausgehe, in die Kirche oder zum Einkaufen oder zu meinen Freunden, möchte ich gern, daß du etwas anziehst, von dem du weißt, daß ich es mag, ohne daß ich ein Wort sagen muß.«

Sie dachte darüber nach.

Dann fügte ich hinzu: »Das heißt, du bekommst zu 95 Prozent deinen Willen, und ich bekomme fünf Prozent für mich. Was denkst du?«

Sie bekam ein Glitzern in den Augen, als sie ihre Hand ausstreckte und meine schüttelte. »Mutter, du hast ein Geschäft ausgehandelt!«

Von da an sagte ich ihr am Morgen glücklich auf Wiedersehen und ging ihr wegen ihrer Kleidung nicht auf die Nerven. Wenn ich mit ihr ausging, zog sie sich ohne viel Aufhebens ordentlich an. Wir hatten ein Geschäft ausgehandelt!

Florence Littauer

Nimm dir einen Moment Zeit, um wirklich zu sehen

Wir alle haben schon den Ausdruck gehört: »Erinnere dich, anzuhalten, um an den Rosen zu riechen.« Aber wie oft nehmen wir uns wirklich die

Zeit in unserem hektischen, hastenden Leben, um die Welt um uns herum wahrzunehmen? Zu oft sind wir in unseren geschäftigen Plänen gefangen, in Gedanken an unseren nächsten Termin, im Straßenverkehr oder im Leben im allgemeinen, um uns überhaupt bewußt zu werden, daß andere Menschen in der Nähe sind.

Ich bin so schuldig wie jeder andere, die Welt auf diese Weise auszuschalten, besonders wenn ich auf den überfüllten Straßen Kaliforniens fahre. Vor kurzem wurde ich jedoch Zeuge eines Ereignisses, das mir zeigte, wie sehr ich in meine eigene kleine Welt eingehüllt war, und daß mich das davon abgehalten hätte, das größere Bild der Welt um mich wahrzunehmen.

Ich fuhr zu einem Geschäftstermin, und wie üblich, plante ich in Gedanken, was ich sagen würde. Ich kam zu einer vielbefahrenen Kreuzung, an der die Ampel gerade auf Rot sprang. »Gut«, dachte ich, »ich kann die nächste Ampel schlagen, wenn ich an die Spitze der Schlange rase.«

Mein Verstand und mein Auto waren auf Autopilot geschaltet, bereit loszufahren, als plötzlich meine Trance von einem unvergeßlichen Anblick unterbrochen wurde. Ein junges Paar, beide blind, ging Arm in Arm über die vielbefahrene Kreuzung, auf der Autos in jede Richtung sausten. Der Mann hielt die Hand eines kleinen Jungen, während die Frau ein Tragetuch an ihrer Brust festklammerte, offensichtlich ein Kind tragend. Beide hielten einen weißen Stock ausgestreckt, auf der Suche nach Hinweisen, um sie über die Kreuzung zu navigieren.

Am Anfang war ich gerührt. Sie überwanden, was für mich eine der am meisten gefürchteten Behinderungen war – Blindheit. »Wäre es nicht schrecklich, blind zu sein?« dachte ich. Mein Gedanke wurde schnell von Schreck unterbrochen, als ich sah, daß das Paar nicht auf dem Fußgängerüberweg ging, sondern statt dessen diagonal abbog, direkt auf die Mitte der Kreuzung zu. Ohne die Gefahr wahrzunehmen, in der sie sich befanden, gingen sie geradewegs auf die Spur der ankommenden Autos zu. Ich hatte Angst um sie, weil ich nicht wußte, ob die anderen Fahrer verstanden, was passierte.

Als ich von der Frontlinie des Verkehrs aus (ich hatte den besten Platz) beobachtete, sah ich ein Wunder sich vor meinen Augen entfalten. *Jedes* Auto aus *jeder* Richtung kam zur gleichen Zeit zum Stehen. Ich hörte kein Kreischen von Bremsen und noch nicht einmal den Ton einer Hupe. Niemand schrie: »Geht aus dem Weg!« Alles gefror. In diesem Moment schien für diese Familie die Zeit stillzustehen.

Verwundert blickte ich auf die Autos um mich herum, um mir zu bestätigen, daß wir alle dasselbe sahen. Ich bemerkte, daß die Aufmerksamkeit eines jeden auf das Paar gerichtet war. Plötzlich reagierte der Fahrer zu meiner Rechten. Seinen Kopf aus seinem Auto reckend, schrie er: »Nach rechts! Nach rechts!« Andere folgten einstimmig und riefen: »Nach rechts!«

Ohne auszusetzen, richtete das Paar seinen Kurs aus, als es der Unterstützung folgte. Im Vertrauen auf ihre weißen Stöcke und die Rufe einiger besorgter Mitbürger schafften sie es, auf die andere Seite der Straße zu kommen. Als sie an der Bordkante ankamen, fiel mir etwas auf – sie waren immer noch Arm in Arm.

Ich war von ihren ausdruckslosen Gesichtern betroffen und kam zu dem Urteil, daß sie keine Ahnung hatten, was wirklich um sie herum vorging. Doch ich spürte sofort die Seufzer der Erleichterung, die von allen ausgestoßen wurden, die an dieser Kreuzung gehalten hatten.

Als ich einen Blick in die Autos um mich herum warf, formte der Fahrer zu meiner Rechten lautlos die Worte: »Puh, haben Sie das gesehen?« Der Fahrer zu meiner Linken sagte: »Ich glaube es nicht!« Ich glaube, wir alle waren tief bewegt von dem, was wir gerade miterlebt hatten. Hier waren

Menschen, die für einen Moment über sich selbst hinausgingen, um vier bedürftigen Menschen zu helfen.

Ich habe seitdem viele Male über diese Situation nachgedacht und mehrere kraftvolle Lektionen daraus gelernt. Die erste ist: »Laß dir Zeit und rieche an den Rosen.« (Etwas, was ich bis dahin selten getan hatte.) Nimm dir Zeit, um dich umzusehen und wirklich zu *sehen*, was gerade jetzt vor deinen Augen passiert. Tu das und dir wird bewußt, daß dieser Augenblick alles ist, was du hast, um dein Leben zu verändern.

Die zweite Lektion, die ich lernte, ist, daß die Ziele, die wir uns setzen, durch Selbstvertrauen und Vertrauen in andere erreicht weden können, trotz scheinbar unüberwindlicher Hindernisse.

Das Ziel des blinden Paares war, unversehrt auf die andere Seite der Straße zu kommen. Ihr Hindernis waren acht Reihen von Autos, die auf sie gerichtet waren. Doch ohne Panik und Zweifel gingen sie vorwärts, bis sie ihr Ziel erreicht hatten.

Auch wir können vorwärts schreiten im Erlangen unserer Ziele, indem wir mit Scheuklappen auf die Hindernisse zugehen, die sich uns in den Weg stellen. Wir müssen nur unserer Intuition vertrauen und die Führung durch andere annehmen, die vielleicht eine größere Einsicht haben.

Schließlich lernte ich meine Gabe des Sehens zu schätzen, etwas, was ich allzuoft als selbstverständlich hingenommen hatte.

Können Sie sich vorstellen, wie anders Ihr Leben ohne Ihre Augen sein würde? Versuchen Sie, sich für einen Moment vorzustellen, auf eine vielbefahrene Kreuzung zu gehen, ohne zu sehen. Wie oft vergessen wir die einfachen, doch unglaublichen Gaben, die wir in unserem Leben besitzen.

Als ich von dieser vielbefahrenen Kreuzung wegfuhr, tat ich es mit einer größeren Bewußtheit für das Leben und das Mitgefühl mit anderen, als ich es hatte, bevor ich dort ankam. Seitdem habe ich mich entschieden, das Leben wirklich zu sehen, wenn ich meinen täglichen Aktivitäten nachgehe, und meine gottgegebenen Begabungen zu nutzen, um anderen zu helfen, die weniger glücklich sind.

Tun Sie sich selbst einen Gefallen, wenn Sie durch Ihr Leben gehen: Lassen Sie sich Zeit, um wirklich zu *sehen*. Nehmen Sie sich einen Augenblick Zeit, um zu sehen, was gerade jetzt um Sie herum vorgeht, wo Sie gerade sind. Sonst könnte Ihnen etwas Wunderbares entgehen.

Jeffrey Thomas

Wenn ich mein Leben noch einmal zu leben hätte

Gespräche mit Alten und unheilbar Kranken berichten nicht darüber, daß Menschen Dinge bereuen, die sie getan haben, vielmehr sprechen die Menschen über Dinge, die sie bereuen, nicht getan zu haben.

Ich würde wagen, das nächste Mal mehr Fehler zu machen.
Ich würde mich entspannen. Ich würde mich vorbereiten.
Ich würde alberner sein, als ich auf dieser Reise war.
Ich würde weniger Dinge ernst nehmen.
Ich würde mehr Chancen nutzen.
Ich würde mehr Reisen machen.
Ich würde mehr Berge besteigen und mehr Flüsse durchschwimmen.
Ich würde mehr Eis essen und weniger Bohnen.
Ich würde vielleicht mehr tatsächliche Sorgen haben, aber auch weniger eingebildete.
Sehen Sie, ich bin einer dieser Menschen, die Stunde für Stunde, Tag für Tag vernünftig und normal leben.
Oh, ich hatte meine Augenblicke, und wenn ich es noch einmal machen könnte, würde ich mehr

Augenblicke haben. Tatsächlich würde ich versuchen, nichts anderes zu haben. Nur Augenblicke. Einen nach dem anderen, anstatt so viele Jahre jedem Tag vorauszueilen.

Ich war einer dieser Menschen, die ohne Thermometer, eine heiße Wärmflasche, einen Regenmantel und einen Fallschirm nirgendwo hingehen.

Wenn ich es noch einmal machen könnte, würde ich nächstes Mal mit leichterem Gepäck reisen.

Wenn ich mein Leben noch einmal leben könnte, würde ich im Frühling früher anfangen, barfuß zu gehen, und im Herbst später aufhören.
Ich würde öfter zum Tanzen gehen.
Ich würde mehr Karussell fahren.
Ich würde mehr Gänseblümchen pflücken.

Nadine Stair (85 Jahre)

Zwei Mönche

Zwei pilgernde Mönche kamen an die Furt eines Flusses. Dort sahen sie ein Mädchen, gekleidet in seinen schönsten Staat, das offenbar nicht wußte, was es tun sollte, denn der Fluß war tief, und es wollte seine Kleider nicht verderben. Ohne weiteres nahm einer der Mönche sie auf den Rücken, trug sie hinüber und setzte sie auf der anderen Seite auf trockenem Boden ab.

Dann setzten die Mönche ihren Weg fort. Aber nach einer Stunde begann der andere Mönch zu klagen: »Sicherlich ist es nicht richtig, eine Frau zu berühren; es ist gegen die Gebote, engen Kontakt mit Frauen zu haben. Wie konntest du gegen die Gesetze der Mönche verstoßen?«

Der Mönch, der das Mädchen getragen hatte, ging schweigend dahin, aber schließlich bemerkte er: »Ich setzte sie vor einer Stunde am Fluß ab, warum trägst du sie noch immer?«

Irmgard Schloegl

Sachi

Bald nachdem ihr Bruder geboren war, begann die kleine Sachi ihre Eltern zu bitten, sie mit dem Neugeborenen allein zu lassen. Sie befürchteten, daß sie, wie die meisten Vierjährigen, eifersüchtig sein könne und ihn schlagen oder schütteln wolle, also sagten sie nein. Aber sie zeigte keine Anzeichen von Eifersucht. Sie behandelte das Baby mit

Freundlichkeit, und ihr Flehen, mit ihm allein gelassen zu werden, wurde dringlicher. Sie beschlossen, es zu erlauben.

Begeistert ging sie in das Zimmer des Babys und schloß die Tür, aber sie öffnete sich einen Spaltbreit – genug für ihre neugierigen Eltern, um hineinzuspähen und zuzuhören. Sie sahen, wie die kleine Sachi auf ihren neugeborenen Bruder zuging, ihr Gesicht an seines legte und ruhig sagte: »Baby, sag mir, wie sich Gott anfühlt. Ich fange an zu vergessen.«

Dan Millman

Das Geschenk des Delphins

Ich befand mich in ungefähr zwölf Meter tiefem Wasser, allein. Ich wußte, ich hätte nicht allein gehen sollen, aber ich war sehr fähig und riskierte es. Es gab kaum Strömungen, und das Wasser war so warm, klar und verlockend. Als ich einen Krampf bekam, wurde mir sofort klar, wie dumm ich gewesen war. Ich war nicht allzu beunruhigt, aber ich mußte mich vor Bauchkrämpfen krümmen. Ich versuchte, meinen Gewichtsgürtel zu entfernen, aber ich war so verkrampft, daß ich nicht an den Verschluß kam. Ich sank tiefer und begann ängstlicher zu werden, unfähig, mich zu bewegen. Ich konnte meine Uhr sehen und wußte, es war nur noch für eine kurze Zeit Sauerstoff in der Flasche, bevor ich keine Luft mehr bekommen würde. Ich versuchte, meinen Unterleib zu massieren. Ich trug keinen Taucheranzug, aber ich konnte mich nicht ausstrecken und konnte die verkrampften Muskeln mit meinen Händen nicht erreichen.

Ich dachte: »Ich kann so nicht gehen! Ich habe noch zu tun!« Ich konnte einfach nicht auf diese Weise sterben, anonym, ohne daß jemand erführe, was mit mir passiert wäre. In Gedanken rief ich aus: »Hilf mir jemand, etwas!«

Ich war nicht vorbereitet auf das, was passierte. Plötzlich fühlte ich unter der Achsel einen Stoß von hinten. Ich dachte: »Oh, nein, Haie!« Ich fühlte wirklichen Schrecken und Verzweiflung. Aber mein Arm wurde gewaltsam angehoben. In meinem Blickfeld erschien ein Auge – das herrlichste Auge, das ich mir jemals vorstellen konnte. Ich schwöre, daß es lächelte. Es war das Auge eines großen Delphins. Indem ich dieses Auge sah, wußte ich, daß ich gerettet war.

Er bewegte sich weiter vorwärts, stieß und hakte seine Rückenflosse unter meine Achsel, meinen

Arm auf seinem Rücken. Ich entspannte mich, umarmte ihn, von Erleichterung überflutet. Ich fühlte, daß das Tier mir Sicherheit vermittelte, daß es mich heilte und an die Oberfläche trug. Meine Bauchkrämpfe verschwanden, als wir auftauchten, und ich entspannte mich in der Sicherheit, aber ich fühlte sehr stark, daß es mich auch geheilt hatte.

Auf der Wasseroberfläche zog es mich den ganzen Weg ans Ufer. Es brachte mich in so seichtes Wasser, daß ich befürchtete, es würde stranden, und ich schob es zurück ins tiefere Wasser, wo es wartete und mich beobachtete, ich nehme an, um zu sehen, ob es mir gutging.

Es fühlte sich wie ein neues Leben an. Als ich den Gewichtsgürtel und die Sauerstoffflasche abnahm, zog ich alles aus und ging nackt zurück in den Ozean, zu dem Delphin. Ich fühlte mich so leicht und frei und lebendig und wollte einfach nur in der Sonne und im Wasser spielen, in all dieser Freiheit. Der Delphin nahm mich mit hinaus und spielte mit mir im Wasser herum. Ich bemerkte, daß dort viele Delphine waren, weiter draußen.

Nach einer Weile brachte er mich zurück ans Ufer. Ich war dann sehr müde, fast kurz vor einem Zusammenbruch, und er versicherte sich, daß ich sicher im seichten Wasser war. Dann wandte er sich zur Seite, mit einem Auge in meine blickend. Wir blieben so für eine scheinbar sehr lange Zeit, zeitlos, nehme ich an, fast in Trance, wobei mir Gedanken aus der Vergangenheit durch den Kopf gingen. Dann gab er nur einen Ton von sich und schwamm hinaus zu den anderen. Und sie entfernten sich.

Elizabeth Gawain

Die Berührung durch des Meisters Hand

Sie war ramponiert und zerkratzt, und der Auktionator
Fand es kaum der Mühe wert,
Viel Zeit mit der alten Violine zu verschwenden,
Aber er hielt sie hoch mit einem Lächeln.
»Was wird geboten, gute Leute«, schrie er,
»Wer fängt an zu bieten?«
»Ein Dollar, ein Dollar«, dann zwei! Nur zwei?
»Zwei Dollar, und wer bietet drei?

Drei Dollar zum ersten; drei Dollar zum zweiten;
Drei Dollar zum dritten …« Aber nein,
Aus dem Raum, weit hinten, kam ein grauhaariger Mann

Nach vorn und nahm den Bogen auf;
Dann, indem er den Staub von der alten Violine wischte
Und die losen Saiten spannte,
Spielte er eine Melodie, rein und süß,
Wie ein Engel singt.

Die Musik verstummte, und der Auktionator
Sagte mit einer Stimme, die ruhig und leise war:
»Was wird mir geboten für die alte Violine?«
Und er hielt sie hoch mit dem Bogen
»Eintausend Dollar, und wer bietet zwei?
Zweitausend! Und wer bietet drei?
Dreitausend zum ersten, dreitausend zum zweiten;
Und zum dritten«, sagte er.
Die Leute jubelten, aber einige riefen:
»Wir verstehen nicht ganz,
Was hat ihren Wert erhöht?« Schnell kam die Antwort:
»Die Berührung durch eines Meisters Hand.«

Und mancher Mann, dessen Leben außer Takt ist
Und ramponiert und zerkratzt vor Sünde,
Wird billig verkauft an die gedankenlose Menge,
Gerade wie die alte Violine.

Ein Teller »Dicke Suppe«, ein Glas Wein;
Ein Spiel – und er reist weiter.
Er geht »zum ersten« und geht »zum zweiten«,
Er geht weg und ist fast gegangen.
Aber der Meister kommt, und die törichte
Menge
Kann nie ganz verstehen
Den Wert einer Seele und die Erhöhung, die sie
erlangt,
bei der Behandlung durch des Meisters Hand
Myra B. Welch

Wir möchten den Herausgebern und Autoren für die Erlaubnis danken, das folgende Material nachzudrucken. (Anmerkung: Die Geschichten, die anonym verfaßt sind, für die das Copyright abgelaufen ist oder die von Jack Canfield oder Mark Victor Hansen geschrieben wurden, sind nicht in diesem Verzeichnis enthalten)

Über den Mut und *Sachi* aus: *Sacred Journey of the Peaceful Warrior* von Dan Millman © 1991 Dan Millman – Nachgedruckt mit Genehmigung des Autors und H. J. Kramer, Inc., P. O. Box 1082, Tiburon, CA 94920. Alle Rechte vorbehalten

Das zärtlichste Bedürfnis. Nachgedruckt von Fred T. Wilhelms. Nachgedruckt mit Genehmigung des Autors und Educational Leadership, 48, 1:51. © ASCD.

Meine Erklärung der Selbstachtung und *Jeder hat einen Traum* nachgedruckt mit der ausdrücklichen, schriftlichen Genehmigung durch AVANTA Network, das von Virginia Satir gegründet wurde und Rechte an jeglichem geistigen Eigentum von Virginia Satir erworben hat. Anfragen über Copyright-Materialien von Virginia Satir bzw. AVANTA Network bitte an: Avanta Network, 310 Third Avenue, N. E., Ste. 126, Issaquah, WA 98027, oder Tel. (026) 391-7310.

Eine Zukunft für mich aufbaun. Copyright © 1990, Pro Teach Publications. Verfaßt von Frank Trujillo.

Bereit, den Preis zu zahlen aus: *Self Made in America* von John McCormack. Nachgedruckt mit Genehmigung durch Addison-Wessley Publ. und den Autor. © 1990 durch The Visible Changes Educational Foundation und David R. Legge.

Zwei Mönche aus: *Wisdom of the Zen Masters* von Irmgard Schloegl. Nachgedruckt mit Genehmigung durch New Directions Publishing Corporation. © 1975 Irmgard Schloegl.

Liebe: die einzig schöpferische Kraft. Nachgedruckt mit Genehmigung von Eric Butterworth. © 1992 Eric Butterworth.

Alles, woran ich mich erinnere und *Die Obdachlose* Nachgedruckt mit Genehmigung von Bobbie Probstein. © 1992 Bobbie Probstein.

Herzenslied. Nachgedruckt mit Genehmigung von Patricia Jean Hansen. © 1992 Patricia Jean Hansen.

Wahre Liebe. Nachgedruckt mit Genehmigung von Bary Vissell. © 1992 Barry Vissell.

Das könnte hier nicht passieren? Nachgedruckt mit Genehmigung von Pamela Rogers. © 1992 Pamela Rogers.

Wer du bist, verändert etwas. Nachgedruckt mit

Genehmigung von Helice Bridges. © 1992 Helice Bridges.

Ein Bruder wie er. Nachgedruckt mit Genehmigung von Dan Clark. © 1992 Dan Clark.

Big Ed. Nachgedruckt mit Genehmigung von Joe Batten. © 1989 AMACOM Books.

Die Liebe und der Taxifahrer. Nachgedruckt mit Genehmigung Art Buchwald. © 1992 Art Buchwald.

Eine einfache Geste und *Ich bin Lehrer.* Nachgedruckt mit Genehmigung von John Wayne Schlatter. © 1992 John Wayne Schlatter.

Das Lächeln, Hat die Erde für dich gebebt? und *Nur noch einmal.* Nachgedruckt mit Genehmigung von Dr. Hanoch McCarty. © 1991 Hanoch McCarty and Associates.

Eine Geschichte zum Valentinstag. Nachgedruckt mit Genehmigung von Jo Ann Larsen. © 1992 Jo Ann Larsen.

*Carpediem!*aus:*Daretobeyourself*vonAlanCohen. Nachgedruckt mit Genehmigung von Alan Cohen. © 1991 Alan Cohen Publications.

Ich kenne dich, du bist wie ich! Nachgedruckt mit Genehmigung durch das Human Awareness Institute. © 1992 Stan V. Dale.

Welpen zu verkaufen. Nachgedruckt mit Genehmigung von Dan Clark. © 1989 Dan Clark.

Nichts als die Wahrheit! Nachgedruckt mit Genehmigung von David Casstevens.

Kinder lernen, was sie leben. Nachgedruckt mit Genehmigung von Dorothy Law Nolte.

Berührt. Verwendet mit Genehmigung von Victor H. Nelson. © 1990 Victor H. Nelson. Dieser Artikel erschien erstmalig in der Mai/Juni-Ausgabe von *The Familiy Therapy Networker.*

Ich liebe dich, Sohn von Victor Brook Miller. Verwendet mit Genehmigung durch das Institute for Humanistic und Transpersonal Education. © 1977 IHTE.

Was du bist, ist so wichtig wie das, was du tust. Nachgedruckt mit Genehmigung von Patricia Fripp. © 1992 Patricia Fripp.

Die perfekte amerikanische Familie. Nachgedruckt mit Genehmigung von Michael Murphy, Ed. D. © 1992 Michael Murphy Ed. D.

Sag es! Nachgedruckt mit Genehmigung von Gene Bedley. © Gene Bedley.

Ich mag mich jetzt aus: *Man. The Manipulator* von Everett L. Shostrom. Verwendet mit Genehmigung. © 1967 Abingdon Press.

All die guten Dinge. Nachgedruckt mit Genehmigung von Helen P. Mrosla, OSF und Shippensburg University. © 1991 Shippensburg University. Dieser Artikel erschien ursprünglich in *Proteus:*

A Journal of Ideas, Frühling 1991. Nachgedruckt mit Genehmigung durch *Readers Digest* vom Oktober 1991.

Der kleine Junge von Helen E. Buckley. Nachgedruckt mit Genehmigung durch »Glad To Be Me – Building Self-Esteem in Yourself and Others«. © 1989 Dov Peretz Elkins (Princeton, NJ: Groth Associates).

Ich glaube, ich kann es! Nachgedruckt mit Genehmigung von Michele Borba. © 1992 Michele Borba.

Ruhe in Frieden: Das Begräbnis des »Ich kann nicht«. Nachgedruckt mit Genehmigung von Chick Moorman. © 1992 Chick Moorman.

Die 333-Geschichte. Nachgedruckt mit Genehmigung von Robert C. Proctor. © 1992 Robert Proctor.

Wenn du nicht bittest, bekommst du nichts – aber wenn du bittest, bekommst du. Nachgedruckt mit Genehmigung von Rick Gelinas. © 1992 Rick Gelinas.

Der Zauber des Glaubens. Nachgedruckt mit Genehmigung von Dale Madden, Präsident von Island Heritage Publishing, eine Abt. von The Madden Corporation. © 1992 Dale Madden.

Glennas Zielebuch. Nachgedruckt mit Genehmigung von Glenna Salsbury. © 1991 Salsbury Enterprises.

Noch ein Häkchen auf der Liste. Nachgedruckt mit Genehmigung von John Goddard. © 1992 John Goddard.

Paßt auf, Schätzchen, ich bin euer Lover! Nachgedruckt mit Genehmigung von Les Brown und Look Who's Talking.

Die Zigarrenkiste und *Du hast ein Geschäft ausgehandelt!* Nachgedruckt mit Genehmigung von Florence Littauer. © 1992 Florence Littauer, Präsidentin von CLASS Speakers, Inc.; Autorin von 20 Büchern inkl.: *Silver Boxes, Dare to Dream* und *Personality Plus.*

Ermutigung. Nachgedruckt mit Genehmigung von Nido R. Qubein. © 1992 Nido R. Qubein.

Walt Jones. Nachgedruckt mit Genehmigung durch das Edge Learning Institute, Inc. © 1992 Bob Moawad, Vorsitzender/CEO.

Service mit einem Lächeln aus *Service America*, S. 128. Nachgedruckt mit Genehmigung von Dow Jones/Irwin. © 1985 Karl Albrecht & Ron Zenke.

Hindernisse. Nachgedruckt mit Genehmigung durch Beacon Press. © 1992 Viktor E. Frankl.

John Corcoran – der Mann, der nicht lesen konnte

Nachgedruckt mit Genehmigung von John Corcoran. © 1992 John Corcoran.

Scheitern? Nein! Nur vorübergehende Rückschläge. Nachgedruckt mit Genehmigung von Dorothy Walters. © 1992 Dorothy Walters.

Damit ich kreativer werden kann, warte ich auf … Nachgedruckt mit Genehmigung durch das Center for Creative Leadership, Greensboro, NC. © 1992 *Issmes and Observations.*

Die Macht der Entschlossenheit. Nachgedruckt mit Genehmigung von Burt Dubin. © 1992 Burt Dubin.

Sie rettete 219 Leben. Nachgedruckt mit Genehmigung Betty Tisdale. © 1992 Betty Tisdale.

Um dich her ist Größe – nutze sie! Nachgedruckt mit Genehmigung von Bob Richards. © 1992 Bob Richards.

Nimm dir einen Moment Zeit, um wirklich zu sehen! Nachgedruckt mit Genehmigung von Jeffrey M. Thomas. © 1992 Jeffrey M. Thomas.

Wenn ich mein Leben noch einmal zu leben hätte von Nadine Stair. Dieses Gedicht, das jahrelang weitergereicht und nachgedruckt wurde, wird Nadine Stair zugeschrieben. Es wurde wahrscheinlich geschrieben, als sie 85 war. Die allgemeine Übereinkunft geht dahin, daß sie im Staat Kentucky gelebt hat, als sie das Gedicht schrieb. Wir waren nicht in der Lage, einen der Angehörigen zu kontaktieren, um diese Vermutungen zu bestätigen.

Das Geschenk des Delphins. Auszug aus: *The Dolphin's Gift.* © 1980. Nachgedruckt mit Genehmigung der New World Library, San Rafael, CA 94903.

Danksagung

Dieses Buch entstand im Laufe von fast zwei Jahren. Es war ein Werk der Liebe, und es bedurfte der gemeinsamen Anstrengung vieler Menschen. Wir möchten ganz besonders folgenden Mitwirkenden danken:

Patty Mitchell, die jede dieser Geschichten mindestens fünfmal neu getippt hat. Ihr Engagement für dieses Projekt umfaßt viele Arbeitstage bis spätabends und viele Wochenenden. Danke, Patty! Ohne dich hätten wir es nicht geschafft.

Kim Wiele für die gewaltige Tipparbeit bei vielen dieser Geschichten; sie machte viele ausgedehnte Recherchen; ihr oblag die Organisation der scheinbar endlosen Arbeit, um für die Geschichten, die wir nicht selbst geschrieben haben, urheberrechtliche Genehmigungen sicherzustellen. Sie leistete großartige Arbeit. Danke, Kim. Kate Driesen, die auch beim Tippen half, las und kommentierte jede Geschichte und trug zu vielen Recherchen bei. Du warst immer da, wenn Termine einzuhalten waren. Danke.

Wanda Pate, die beim Tippen und Recherchieren unendlich viel geholfen hat.

Cheryl Millikin, die die Verarbeitung des Materials stets in Gang hielt.

Lisa Williams, die sich um Marks Geschäft kümmerte, so daß er sich diesem Buch widmen konnte.

Larry Price und Mark Powers; sie hielten alles übrige in Gang, während dieses Buch geschrieben wurde.

Vielen Dank auch den Hunderten von Menschen, die diese Geschichten, Gedichte und Zitate hörten, lasen, kommentierten.

Danke an alle unsere Freunde in der National Speakers Association, die von ihrem eigenen Material so großzügig beigetragen haben, um dies Buch zu vervollständigen. Wir möchten im besonderen Dottie Walters für ihre stetige Ermutigung und Unterstützung danken.

Frank Siccone, einem lieben Freund, der mehrere seiner Geschichten und Zitate beitrug, sei herzlich gedankt.

Jeff Herman, der ein solch inspirierter Literaturagent ist und an dieses Buch von Anfang an geglaubt hat. Jeff, wir arbeiten sehr gern mit dir zusammen.

Peter Vegso, Gary Seidler und Barbara Nichols von Health Communications, die lange vor allen anderen die Vision dieses Buches erfaßt haben. Wir schätzen eure begeisterte Unterstützung.

Cindy Spitzer, die einige der wichtigsten Ge-

schichten in diesem Buch schrieb und edierte. Cindy, dein Beitrag war unschätzbar.
Marie Stillkind, unsere Lektorin bei Health Communications, für ihre Bemühungen, dieses Buch auf ein Niveau von hervorragender Qualität zu bringen.
Bob Proctor, der mehrere Geschichten und Anekdoten aus seiner umfangreichen Sammlung von Lehrergeschichten beisteuerte. Danke, Bob, du bist ein guter Freund.
Brandon Hall, der uns bei zwei Geschichten half.
Wir möchten auch den folgenden Personen für ihre sehr wertvollen Rückmeldungen beim ersten Entwurf danken: Ellen Angelis, Kim Angelis, Jacob Blass, Rick Canfield, Dan Drubin, Kathy Fellows, Patty Hansen, Norman Howe, Ann Husch, Tomas Nani, Dave Potter, Danielle Lee, Michele Martin, Georgia Noble, Lee Potts, Linda Price, Martin Rutte, Lou Tartaglia, Dottie Walters, Rebecca Weidekehr, Harold C. Wells.

Die Autoren

Jack Canfield ist Präsident der weltweit bekannten Foundation for Self Esteem in Culver City, Kalifornien. Mehr als eine halbe Million Menschen in aller Welt haben bereits an seinen Seminaren zu persönlichem Wachstum teilgenommen.

Marc Victor Hansen ist Karriereberater für Menschen, die zu den zehn Prozent Besten ihrer Berufssparte gehören und die ihr Einkommen innerhalb von drei Jahren verdreifachen möchten.